JN192299

正攻法の業務改革

日常生活から企業活動まで
元気になるヒントがここにある

BPM-navigator 代表
大川原文明
株式会社ユニリタ
ビジネスイノベーション事業本部
BPM部長
富樫勝彦
共著

現代書林

はじめに

付け焼刃の業務改革ではダメ！妥協せずに正攻法で目標達成する

「毎日、遅くまでご苦労様でした。ところで、このシステムを入れて何がよくなったのかね？」

20年ほど前、基幹系ＥＲＰ（企業資源計画：Enterprise Resource Planning）システムを導入した先の社長から問われた言葉が今でも鮮やかによみがえってきます。そのとき、筆者の一人である私（大川原）は即答できませんでした。当時は、手作りシステムの時代からパッケージシステムが脚光を浴び、そのシステムを採り入れることが効果を生むと信じられていた時代です。

皮肉なことに、導入先の会社は「社員は、企業の最大の財産なり」を社是に掲げていたように思います。私もそれをきっかけに、システム中心ではなく、システムを使うユーザーと、それに期待する経営者、つまり人も同時に捉えるべきと、きっぱり考えを改めました。

転機となった過去の印象的な出来事を紹介するのも、現在、私たちが仕事としている業務改革のサポートやコンサルティングにおいて、まさに人とシステム、企業全体を捉える努力を怠らないことが原点だからです。私たちが提案する「正攻法の業務改革」では、全社業務を鳥の目で俯瞰し、業務プロセスに着目して問題の発生元を探り当て、抜本的対策を考えてプロセスを再設計します。

当たり前のことを当たり前に実行するので、「正攻法」と呼んでいます。誰もが正攻法がよいことはわかっていても、どうしても小手先の道具や一時的な流行に飛びつきがちです。しかし、それらは付け焼刃にすぎません。結局、思うような成果をあげられません。改革や目標を達成するには、まず妥協しないことが大切だと思いませんか。

正攻法の業務改革における大切なポイントは、

- **業務を構成するプロセスを正しく捉える**
- **プロセスの流れやコミュニケーションを阻むボトルネックを可視化する**
- **対症療法ではなく根本療法を目指す**

ことです。

プロセスとは、簡単にいうと、「入力に対し価値を加えて出力する単位」のこと。プロセス自体やプロセスのつながりを悪くしているムダやボトルネックがあれば、それを見つけ、解消してよくすることが必要です。ボトルネックの在りかを、私たちは「金脈」、その原因を「埋蔵金」と呼んでいます。

問題解決に当たっては、「風が吹けば桶屋が儲かる」を唱えることをすすめたいですね。桶屋が儲からなくなったらどうするか？　第2章「『風が吹けば桶屋が儲かる』を唱えながら成果をあげる」「対症療法ではない根本原因で因果関係の究明を！」をご一読ください。

企業組織にはいろいろなしがらみがあり、構造改革を阻む厚い壁が必ず立ちふさがっています。その一つが機能領域別の組織です。各ビジネス機能を個別に最適化するにしても、そのことが組織横断的な業務プロセスを効率的にする全体最適につながるとは限りません。

次に、継続できないこと。おなじみのPDCA（Plan→Do→Check→Action）にしても、なかなかアクションまでたどりつかない。思うように回っていかず、途中で挫折してしまいがちです。全体最適をもたらす改革の実を結ぶまでに至らない例が多く見られます。「継続は力なり」。業務改革こそ必要な正攻法であり、継続する力は壁を突き刺す力なのですが。

こうした壁をどうやって克服するか。トップダウンによってビジョン、方針、指示を的確に行き渡らせる仕組みを作ることができるかどうか。組織に横串を刺して、業務プロセスが滞らないでスムーズに流れていくようにできるかどうか。それができなければ、本当の業務改革とはいえません。

何事もトップダウンで事が進められる欧米企業はどうなのか。欧米企業を礼賛するわけではありませんが、ちゃんと横串を刺した組織体制を確立している企業が数多く見られます。そこでは業務プロセスに基づいた柔軟な運用、働き方を実施しています。

どちらの状態が当たり前でしょうか。余計なストレスや負荷がなく、効率的に業務が流れていくプロセス設計。そのことで、製品やサービスを享受する顧客も喜び、企業も持続的に繁栄し、社員も人生を楽しめるほうがよいはずです。

自社の担当業務のことは実務者の自分が一番よく知っているし、業務プロセスも今行っているのが最適だ。そう思いがちですが、自分の体のことを自分がよく知っているかというと大間違い。背中は自分では見えません。自分の背中が曲がっているとか、背中の状態が本当に問題ないかどうかは自分ではわかりません。ですから、俯瞰的に客観的に見られるようにしなければならないのです。

くどいようですが、業務改革には奇策もなければ、王道もありません。正攻法で取り組むしかありません。最初は範囲を限定したスモールスタートでもいいです。要はその成果を横展開できるようにすればいいのです。

ただし、結果は3ヵ月で出すことを私たちは提案しています。3ヵ月で設計したら、新しい業務プロセスを定着させ、当初の目的・方針や戦略目標と比較して成果を評価してください。

正攻法の業務改革は、企業だけが取り組むものではありません。失敗しないためにするべきことは、組織でも個人でも共通しています。身近な生活に取り入れたらよい影響をもたらし、少しでも人生の幸せに寄与してくれるに違いありません。自分たちの周囲のどんな業務も生活もプロセスの集合です。淀んで停滞したプロセスがあなたの幸せを阻害していないでしょうか。ビジョンを持ち、人と情報、仕組みが全体最適でうまくつながるようにしましょう。悩んだらプロセスを再設計し、悩みを解消して幸せになりましょう。たとえ小さな取り組みでも個人や組織で少しずつ日本中に広がっていけば、みんながきっと元気になれます。みんな元気になれば、日本も世界も元気になると私たちは信じて、この本をしたためました。

2018年7月

大川原 文明
冨樫 勝彦

目次

第2章 妥協する前に〝これだけは〟やってみよう!

第3章

壁の破り方、超え方、横串の刺し方

目　次

第4章 正攻法の業務改革手順

第5章 広い視野とピュアな心で、幸せをつかもう！

第1章

成果が遠ざかる〝はまりがちな〟落とし穴

業務改革のはずが業務を正しく捉えていない

業務改革やシステム再構築に取り組む前提として、プロジェクトチームのスタッフは、

・業務プロセス分析についてのコンセプトや方法論を検討する

・現状の業務プロセスはどうか、その問題点をあらためて調査し、課題を把握する

ことが必要です。それらを十分に理解してからスタートすること。そうしないと、実りある成果を得る有効な手を打つことができません。「そんなこと当たり前じゃないか」と思われるかもしれません。しかし、実際に業務改革に失敗した圧倒的多数は、立ち上げ時における業務プロセス分析への決定的な認識不足に由来すると、私たちは考えています。

正攻法で、当たり前のことをしっかりやりましょう。では、なぜ当たり前のことを避けて通りがちなのか。一つは、業革推進チームの一員にＩＴ部門の人たちが多い例として、

・業務についてある程度理解したら、すぐにでも自分たちの分野であるシステムの設計に入りたいという心理が強く働きやすい

ということがあります。チームの一員としての責任を一日でも早く果たし切って、不慣れなこ

とから解放されたい。自分たちが得意とする「システム」という本来のステージを早く迎えたい……。気持ちとしてわからなくはないのですが、大失敗が待ち構えています。

これはIT部門の人たちに顕著に現れやすい傾向ではあるものの、縦割りの機能別組織に属する事業部門の社員の気持ちも似たようなものです。互いの業務に関して理解不足のままで改革の議論に臨もうとしているので、業務改革推進にとっては由々しき問題です。

自分たちの範囲外の苦手な業務にあまり踏み込もうとしない。そこには、社内の分業が著しく進んで業務がかなり細分化され、それだけ属人化が進み、ますます業務理解が困難化しているというやむを得ない事情が存在します。逆に、自分たちが詳しい業務は細かくなりすぎ、レベルがどんどん合わない業務フローになってしまいます。

立場や役割も異なり、相当な数の人にヒアリングして業務内容や業務量、プロセス、ルール、問題点などを明確にしていくのは、業革推進チームにとって大変な作業です。業務全体を把握している社員がある程度いればよいのですが、その数は少なくなる一方です。面倒なことにあまり首を突っ込みたくない、早く作業を終えたいという意識が強く出てしまいます。

ですから、つい取り組みやすい目先の活動に走ってしまうのです。しかし、それでは、業務プロセスに関わる人たちの課題認識が異なる場合、みんなの合意形成を図っていくという重要部分が抜け落ちてしまいます。そこが欠けてしまうと、業務改革をする意味がなく、失敗パターンへと突き進んでしまいやすいのです。業務から絶対に逃げないようにしましょう。

曖昧な言葉を真に受けてシステムを作り始めてしまう

「私が発注しています」と相手が言ったので真に受けたら、じつは、「私は、発注するための伝票を起票して、○○部門へ発注の依頼をしています」という意味でした。私たちはふだん何気なく言葉を伝えてコミュニケーションをしたつもりでいます。ところが、曖昧な表現の仕方が多く、それが誤解を生む元になっているのです。

伝えるほうは、できるだけ内容の欠落がないようにし、意図を正確にするために表現に気をつけましょう。言葉を受け取るほうも意味をよく咀嚼し、少しでも不明な点があれば真意を確認しなくてはなりません。

なぜか伝達される側は、その手間を省いて、理解が不十分なまま「ま、いいか」と行動に移りがちです。これが、莫大な費用が発生するシステム作りで発生したらどうなるでしょう。よくよく意思の疎通について留意する必要があります。

私たちは若い頃、基幹システムのＥＲＰパッケージの導入を支援するエンジニアからキャリアをスタートしました。そこから、チームリーダーやプロジェクトマネージャーと立場がだんだん上がっていく中で、苦い経験を積み重ねていきました。顧客企業の業務について十分な理解が欠けたままでシステム導入してしまった例にもたくさん出合いました。

・いろいろな関係者と共有すべき部分の納得が不十分な結果、
・誤解をベースにした設計がひとりでに進んでしまう

のです。そうすると必ず手戻りが発生します。顧客からは「そんなはずじゃない。もっといろんな例外処理があるのに、それが実装されていない」と苦情を言われたりしました。

システムは一応稼働します。しかし、顧客がそのパッケージを選定した当初の目的は何だったのか。例えば会社の業務を標準化し、それをグローバルに展開したいという思いだったはずです。ところが、業務に踏み込まずに各部門で別々に設計していくと、同じ機能なのに別物のように動いてしまいます。「なぜこんなにバラバラなのか」という事態が起きてしまうのです。

大きな会社の場合、各部門でERPシステムが何個も入っていて、会計、購買、販売などで、それぞれ別のシステムだったりします。すると、部門間を手作りのシステムでつないだり、人の業務を介在させてつないだりせざるを得なくなります。

多くのERPパッケージは一枚岩で、きれいなデータ設計になっています。それなのに、各部門が部分的に使った結果、整合性の取れないシステムになってしまうのです。その問題の発端の多くは、曖昧な言葉を真に受けてシステムを作り始めた結果によるもの。業務改革が失敗する引き金を最初に引いてしまっているのです。

「オマエに言われる筋合いはない」が〝聖域化〟される

他部門から改善の要望や要件、指示などが出されると、それを受けた部門で咄嗟に「エッ」「何なの？」と否定的な反応を示す傾向が一般化していないでしょうか。これを言葉に直すと「オマエに言われる筋合いはない」という意味になるでしょう。

まさに縦割り組織の弊害です。あからさまに言葉にしないまでも、どの部門でもそうした意識が蔓延し、もはや聖域化しまっている会社が多く見られます。こうした会社では、業務改革を進めていこうにも、ことごとく活動に支障をきたしがちです。社員の意識改革をしない限り失敗は目に見えています。何よりも、

・業革推進リーダーに権限を与え、各部署に組織の立場を超えて発言ができるようにする

・トップダウンでそれを周知させる

ようにしておかなければ、改革は一向に前に進みません。ただ、どのような会社でも、いきなり全社的に取り組もうとしても、思うようにいかないのが普通です。ですから、スモールスタートを1部署、あるいは1つの事業部に絞り込んで、まず実行してみる方法を私たちは推奨して

います。限られた業務範囲で可視化し、小さいけれど継続的な改善が生まれた結果を部署内で腹落ちすることで、少しずつ広げるようにします。

例えば、ある製品のサプライチェーン1本を選定して挑戦してみます。陣頭指揮をとるのは、通常ミドルクラスです。事業部長に「実験台になってください」「あなたの事業で最初にやってみせましょう」と提案。それを経営層に上申してもらい、上から下に落としてもらうようにしています。

もちろんトップダウンで業務改革を行うのがベストですが、それができる企業は少ないのが現実です。ミドルが改革の提案を行い、トップ層に味方になってもらい、後押ししてもらうケースがほとんどです。ミドルアップ・トップダウンを試みるとよいでしょう。実験台になった1部署で改革の突破口を作り、そこから横展開していくのが最も効果的です。

注意しなければならないのは、スモールスタートなので、最初の段階で時間をかけすぎると効果も小さく、横展開しにくくなることです。可視化に当たって、現状業務の細かいところを隅々まで描き出すのに疲れてしまい、力尽きて失敗してしまうケースもあるのです。

それはあまりよいアプローチではないので、「現状業務の可視化はそこそこにとどめ、次のステップに移りましょう」とアドバイスします。細かなところまで描き切るのが目的ではありません。どういう幹がどのぐらいあり、どれだけムダになっているかを押さえ、成功体験を短期間で作ることが、縦割りの弊害に押し切られて失敗パターンに陥らないために重要なのです。

「手持ちの情報をどう使うか？」という視野狭窄に陥る

「手持ちの情報が山ほどあり、もしかしたら宝かもしれない。それを何とか活用できないか」。最近のビッグデータ活用に際して、よく聞かれるセリフです。自然な発想のようにも思えますが、要注意。責任感から発することが多く、逆にそれが視野を狭めてしまうのかもしれません。

これは、手持ちの保有データにこだわっている状態です。近視眼的になってしまい、ビッグデータを使って何をしようとしているのか、目的を見失っているのです。多くの場合、手持ちの情報というのは、縦割り組織の中のある部署で使用するために記録しているものです。

入力する時点では、

・そもそも他部門のためにも使おうなどと思っているわけではない

・それを都合よく、せっかくあるデータだから他部門にも活用しようとしても、今度は足りないデータがたくさん出てくる

のです。

確かに、宝かもしれませんが、そのままではまったく使えません。「だったら、入力の際に余分の情報を付け加えたらよいのではないか」と考えるかもしれません。しかし、「自分たちのためだったらやるけど、どうしてオマエたちのために余計な情報を入れなければいけないんだ」という反発が必ず出てきます。

例えば、機械部品の不良を検知するための振動データがあるとすると、データはたくさん取れても、記録しているのは振動の量や発生日時だけです。営業からすると、その機械はどの契約の分なのかがわからなければ、契約をアップグレードさせたり、更新させるというアクションにつながらないのです。

その点、基幹システム系ＥＲＰパッケージは、背景にあるプロセスに沿って情報を共有できるようにあらかじめ設計してあるので、１部署で入れた数字が他の部署でも使えます。そういう思想でプロセスもデータも作られていないと、うまく共有はできません。

どの企業でも、各部署で自分たちのために情報をたくさん集めています。しかし、情報がプロセスに沿って各部署に流通しているわけではありません。局所的なデータをいくら集めても、プロセスに沿ってつなげていかないと、他には活用できないのです。

建物に例えると、その時々の都合で増改築をどんどん繰り返していくと、使い勝手が悪くなっていきます。そういう状態がシステムで起きると、当然データをうまく活かせません。というわけで、手持ち情報の活用に思考が偏ってしまうと視野狭窄に陥りやすく、業務改革でも何でも最初の時点で失敗しやすいのです。

責任感が「ポケットデータ」という負の遺産を生んでいる

各部門で保有している手持ちの情報を、部門を越えて共有することができれば、さまざまな改善につながるだろうと考えられます。この発想自体は間違っていませんが、いざやってみようとすると、そう簡単にはいきません。なぜなら、各部門間で共有するつもりで作られていないからです。

個人レベルでは、システム上に必要な情報がなければ、多くが各自で足りない情報を自分のＰＣの中に埋め込んで「ポケットデータ化」しています。自分に業務が回ってきたときに、その情報をちょっと付け足して使っている例がよく見られます。こうした分散したポケットデータを集めてこないと、本当に欲しい情報をうまく使うことにならないのです。

各個人は、なぜポケットデータを持つのか。よく聞くのが、「現在のシステムの手順だと情報が足りなくて、業務上必要だから」という理由です。業務プロセスに紐付け、手持ちのパーソナル台帳にして管理しているというわけですね。

では、情報の専門部隊であるＩＴ部門はどうなのか。多くのＩＴ部門では、自分たちの役割

に枠を設けていて、

・要求は業務から下りてくるものだと思っている

・要求が下りてこないのは業務のほうが悪い

ということになりがちです。ＩＴ部門にとって、情報管理が自分たちの存在意義の一つであるはずですが、「『ポケットデータ』のことまで面倒は見切れない。現在のシステムを設計したときに言わなかった。業務側の責任だ」と主張します。

本当であれば、社内で顧客となる業務側のニーズに即して寄り添わないといけないはずなのですが、立場がＩＴベンダーのような存在になっていて、実際に、その背後に本当のＩＴベンダーがしっかり寄り添っているという複雑な様相です。

費用対効果をＩＴ部門がきちんと考えるのであれば、自分たちが本来やらなければならない務めに自然と気づくはずですが、「業務には口を出せないので、ＩＴ部門の権限範囲内でできることをやるんだ」と言い張ったりします。業務から言われるままに一個一個システムを作るだけではなく、業務プロセスの連携をしっかり把握する。そのうえで、業務全体をカバーするようにシステムを再設計していく。それがＩＴ部門の務めであり、ＩＴ部門には部門を超えた情報共有が求められています。

プロセスに沿って情報が各部門を流れるように、ＩＴ部門がリーダーシップを発揮すべきです。業務改革の意義について、今一度しっかり考えていただきたいと思います。

トップのメッセージが現場で必要性を感じられていない

トップが会社全体を考えたメッセージを発しても、各部門では自分たちに関係する部分だけを拾い上げる、というのが多くの会社の一般的傾向です。そういうスタンスだと、会社の方針が意味する全体像に共感もしないし、納得もしてもらえません。結局、現場としては、改革の必要性を感じていないということになります。

多くの社員たちの意識は、現在の環境のままのほうがよい、手を付けられずにずっと続いていってほしい、それが本音です。今までどおりのシステムやルールのままで動いていってほしい。どうして改善や改革の名目のもとに新しい仕事が回ってきて、わざわざ面倒なことをしなければならないのか。社員たちにそういう気持ちが強いままでは、業務改革を始めても、なかなか成功は難しいと思います。

今の状態のままでは会社の将来のためにならない、と薄々感じている人も中にはいます。しかし、多くの社員が否定的な雰囲気の中で、自分一人では何もできないと感じれば、自分だけ抜け出して肯定的な行動に踏み出しにくいものです。

とりあえず現状のままでも、どうにかうまくいっているから何もしなくていいのではないか、改革なんて面倒くさい、と思っている圧倒的多数の社員たち。それに対し、改革に乗り出そうという社長や経営陣。どうして、そのような温度差が発生してしまうのでしょうか。

これは日頃から、

・社長の経営ビジョンが明確に下へ落とされていない
・社長以下の役員層の合意ができていない
・管理職層がバラバラなため、社員はどうせまたうまくいかないと感じている

という実態が定着していることを示しています。これでは、いきなり業務改革の鶴のひと声を発しても社員はなかなか一斉に動きにくいものです。

総論賛成、各論反対というのは、最初は致し方ありません。それでも、各論における意見対立を丁寧に調整していき、まずは役員層で合意形成をし、そして管理職層へと進めていくことが重要です。こういう態勢がしっかりとできていなければ、社員は前向きに活動しようにも、やりにくくて仕方ありません。

錦の御旗を作り、きちんと合意形成をして、矛盾のない施策を現場に落とし込んでいくことがポイントとなります。錦の御旗がないと、現場の人たちを説得することは不可能です。経営陣が一体となって社員に切々と訴え続け、社員たちを強力に引き付ける対策をしっかりと練って、対応していかなければなりません。

システムの維持、刷新だけで改革につながると思われている

私たちがあるとき、企業のＩＴ部門に呼ばれて訪問すると、担当者が真剣な顔つきをしていました。どうしたのかと聞くと、もうすぐコンピュータの保守が切れるということで、大仕事が待ち構えていて頭痛の種になっているということでした。保守切れは数年に一度訪れ、システム再構築や業務改革に取り組む絶好の機会です。ところが、ＩＴ部門はシステムの維持管理とシステムを改善、刷新することだけで責任を果たしたことにしようとします。

・システムを新たに作ることが業務改革ではないのですが、

・システム構築＝業務改革と勘違いしている

というケースが多いのが実状です。

これも失敗パターンの一つですが、何年かに一度訪れる業務改革のチャンスを逃す手はありません。私たちとしては、改革への取り組みの必要性を匂わせながら、進め方をアドバイスすることになります。最初は躊躇《ちゅうちょ》するＩＴ部門も、システムが止まってしまったら困るということで、どういう改革の仕方がよいかについて検討を始めます。

ただＩＴ部門が先頭を切って業務改革を進めるというモチベーションは通常ありません。あくまで改革に動く理由は、保守が切れると困るからです。また、経営層に対し、単なるシステム再構築の必要性をいくら説明してもなかなか理解は得られません。なぜならば、システム更改だけでも多大な費用がかかり、それでシステムが特段よくなることにはならないからです。

システムは現状維持のままで箱が変わるだけだと聞いたら、経営層もがっかりしてしまいます。きっかけは保守切れなのですが、現状はこんな課題があり、世の中の変化においていかれてしまうので、業務改革を伴ったシステム刷新に踏み切らせてほしいと説明しない限り、経営層に納得させるのはなかなか困難です。業務改革やシステム構築に関心を示さないＩＴリテラシーの低い経営者の場合は、歩み寄りの余地がありません。企画だけで何ヵ月も待たされた結果、立ち消えになったり、また復活するという状況を繰り返すこともあります。それでも、ＩＴリテラシーの高い経営層であれば、それを機に業務改革に取り組むと同時に、もっとよいシステムを作ろうという動きが始まるケースもあります。

保守切れを好機とした業務改革への取り組みは、首尾よく成功に導くケースもあれば、結局失敗するケースも数多くあります。失敗の原因は、システムを新たに作ることが業務改革だと思っている企業の根強い誤解に起因する例が少なくありません。そのことに注意する必要があるでしょう。業務改革で、ＩＴ部門だからできる全体最適視点の役割をもっと果たし、自社内での存在感を高めるようにしたらよいと思いますし、絶好のチャンスを活かすべきなのです。

「自分で何とかしなければ」の思いが負のスパイラルに陥る

企業の多くが縦割り組織で成り立ち、業務プロセスの範囲を区切って、それに応じて責任者を割り当てています。例えば、営業部は、受注目標を達成する責務があり、それに向かって営業活動を行います。製造部は、販売計画に基づく製造計画に従い、欠品しないように、また余剰在庫にならないようにします。さらに納期を守る責務があります。資材部は、調達計画に基づき、購入費の低減に努める……などなど。

このように各部門に権限と責任が振り分けられると、業務を円滑に進めやすいというメリットがある反面、他部門のことに口を出さないという雰囲気や暗黙のルールを築いてしまいやすいのも当然です。他部門のことに少しでも口を挟んだら越権行為になってしまう。そういう意識が働いています。つまり、

・他部門も大変そうだけれども、しっかりと責任を果たしているようだ
・だから、自分たちのことは自分たちで何とかしなければならない

という責任感が自然と浸透します。

それがよい結果を生めばよいのですが、よくないほうに向かうとどうなるかというと、負のスパイラルに陥りやすいのです。

例えば、他部門に頼らず、手持ちの情報を使うことにこだわったり、ポケットデータを蓄えたり、トップが全社向けにメッセージを発しても自分たちに関係するところだけしか捉えない、ということが起こります。責任意識が視野を狭め、思考が偏ってしまうのです。

そうなると、業務プロセスに何か問題が見られた場合、他部署とのつなぎに関わるプロセス連鎖を追う作業が難しくなります。問題の根源を探し出すことができなくて、原因追及が中途半端となります。他部署に口が挟めない、他の畑に土足で踏み込んではいけないというのは、ある意味日本人の美徳なのかもしれませんが……。

しかし、他部署にまたがってヒアリングや可視化を行うことは、業務改革では必須です。ですから、プロジェクトチームでは、「オマエに言われる筋合いはない」という風土の中で、相手をうまく解きほぐすようなヒアリング手法などを用いて、その壁をうまく乗り越えていかなければなりません。

「自分のことは自分で何とかしなければならない」という各部門の社員の思い。それが、逆に当たり前のことが当たり前にできないという状況を生んでいるのは、大いなる皮肉としかいいようがありません。本来ならプラスの作用を生む社員の責任意識が、逆に業務改革の推進を阻んでいるのですから。

プロジェクトリーダーの権限が曖昧なので指示が届かない

業務改革のプロジェクトリーダーの責任は、いうまでもなく非常に大きなものがあります。しっかりした権限のもとに、開拓者のごとく縦割り組織の壁を乗り越え、どんどん適切な指示を出していかなければならない。しかし、実際には権限が曖昧なうえ、隣の部署に口を出せないという社内状況のもと、なかなか指示が届かないで苛立ち、苦労せざるをえません。トップの全社メッセージさえ現場では必要性を感じられていないという厚い障壁があるのですから。

プロジェクトリーダーの権限が曖昧になってしまいやすいという問題は、業務改革で乗り越えていかなければならない第一関門です。当たり前のことが行われていない社内の雰囲気の中で、当たり前のことをする正攻法で突き進んでいかなければなりません。

プロジェクトリーダーが現場から選出された場合、仲のよい業務の人には思ったことを言えます。反面、先輩や職階が上の人には言いにくかったり、やりにくい面もあります。ですから、

・プロジェクトリーダーに思い切った権限を全面的に付与する

・各プロセスの内容に責任を取る人（プロセスオーナー）と同等の立場で会話できる

ようにします。もちろん各プロセスに壁を作る体制にならないようにしなければならず、プロセスを横断した統制の役割が必要です。

ＩＴが絡む場合、多くはＩＴ部門からプロジェクトリーダーが選出されます。しかし、プロジェクトリーダーがシステムの開発責任者の範囲にとどまっているのではうまくいきません。ＩＴのことがよくわかるから、業務改革でもリーダーに適任というのはまったく的外れです。原点に戻りましょう。何のための業務改革なのかを問わなければいけないのです。

会社をよくしたいのですから、会社のどこをどれだけよくするのか、しっかり目標と範囲を設定しましょう。どの業務プロセスの範囲かをきちんと確認し、そこを変えるのであれば「絶対に変えなくてはならない」という意思を固める必要があるのです。

すると、自ずとその業務プロセス範囲の適任者は誰なのかがわかり、その人をプロジェクトリーダーになるように説得する。難しいのであれば、少なくともその適任者に協力してもらわなければならないというのが原点です。どうして、そういうところを避けて、当たり前のことをしないのか。「正攻法」でいくしかないのです。

現実問題として、業務改革のテーマに一番近い部門の予算を使ってプロジェクトが立ち上がっているとしたら、その近い部門からプロジェクトリーダーを選出することになるでしょう。とにかく最もふさわしいプロジェクトリーダーに全面的に権限を付与しなければ業務改革は成功しません。

ツールが不揃いで統一されていないことが問題ではない

縦割り組織の弊害は、業務改革のツールやソフトの選択にも及びます。自分で何とかしなければならないという責任感が強くなるほど、他部門と協力し合う意識が欠けやすくなります。ほかの意見を聞かないで、ツールなどを選択したら不揃いになるのは当たり前です。

また、各部門との関係でツールを扱う一定のＩＴベンダーの力が強いと、その大きな声に影響を受けて選定が偏りかねない。ＩＴは、新たに対象となった業務プロセス領域のシステムを迅速に構築するプラットフォームとなるため、そのツールの選択と活用の仕方が大切です。

ただ、早とちりもいけません。例えば、いろいろなシステムやデータをつなげるというツールを活用するにしても、本当につなげるべきかどうかを見きわめないといけません。ちゃんとした検証が必要です。そうしないと、余計な作り込みをしかねません。わざわざムダなつなぎを作って、いらぬ費用がかさんでしまい、とんでもないことになります。

業務改革で部門を越えて合意がなされると、その次にプロジェクト上の役割分担や責任範囲を決めなければいけません。さらに、プロジェクトの進め方を決めていきます。進め方の中で使うツール、文章の作り方なども決める必要があります。

プロジェクトができる前は、そもそも業務がバラバラなので、ツールなどがバラバラなのはある意味当たり前。プロジェクトができたら、みんな同じ線路を走るので、ツールも合わせなければなりません。

一方で、ツールが統一されていないのが問題だ、と思い込むことが失敗につながることもあるので注意を。「システムが古いんだよ」とか「新しいシステムを入れるんだよ」という場合です。業務改革より以前にシステムありきで、まずシステムに飛びついてしまってはいけません。同じように「うちはツールがバラバラなんだよ。システムがバラバラなんだよ。これを一緒にしたいんだよ」という場合も気を付けましょう。それ自体が目的だと思ってしまって、失敗につながりやすくなります。ツールが統一されていようがいまいが、不揃いであろうが、何をしようが、それが問題なのではありません。

・どうしてそうなったのか

・それをどう使っているのか

といったプロセスをちゃんと見ることが大切なのです。結果として「じゃあ、一緒にしたほうがいいね」とか「これは別にツールを改造してまで一緒にする必要はないよね」という流れになる。そこで、話し合って合意する。プロセスを見ていなくて、「不揃いだ」と言うことが問題を生んでしまうのです。

目的意識がバラバラ、目標も共有されていない状態が蔓延

業務改革では不可欠な社員の目的意識と目標の共有。もし社員の目的意識がバラバラで、目標も共有されていないのに、「やろう」という意欲が盛り上がるでしょうか。それが欠けたままで、改革を力強く推進していけますか。

目的意識がバラバラになる大きな理由は明らかです。トップが会社の方針を発信していないか、それが社員にメッセージとして行き届いていないかです。トップはゴールとなる成果をわかりやすく掲げ、道筋をはっきりと示すことが必要です。ただ「富士山に登ろう」では、社員もどうしてよいかわかりません。戦略と施策方針、具体的な手順を明確にしましょう。

社員のメッセージの受け取り方も問題です。各部門で自分たちに関係する部分だけ都合よく抜き出してしまうと、方針の意図や方向性がスッポリ抜け落ちてしまいます。これは社員の意識に起因していますが、もとはというと組織の縦割りの弊害によるものです。

業務改革の支援をする私たちの立場からすると、企業から相談を受けたとき、上場している会社なら、有価証券報告書などを見たうえで、最初に「御社の方針や事業方針はこうですよね。

これのどこを今やろうとしているんですか?」と、まず目的、目標を確認していきます。

システム構築の場合でも、システムが古いとか、きっかけはいろいろあるでしょう。ただ、「あぁそうですか。じゃあバージョンアップしましょう」とか「入れ替えましょう」などと言う前に、最初に必ず目的を聞きます。「これ入れ替えて、どうしたいんですか? 入れ替えなかったらどうなってしまうのですか?」と。

とにかく、私たちとしては、トップやリクエストをくれた人と、

・目的と目標を共有し、まずつながらないといけない

・つながらないまま仕事をしても、期待する成果は出ない

のです。ましてや当事者である社員どうし、トップと現場がつながらない状態が蔓延しているとしたら、危機意識を持って当然ですね。その危機意識を持って業務改革に臨んでください。

よく「業務効率30%向上」といった数字目標を掲げておきながら、経営計画の数字に見落としがあることが気になります。中期計画があって、それが各部署に下りてきて、上の計画と下りてきた計画とで、数字の整合性が図られていないことが結構あるのです。

中期計画書が各事業部に振られると、各部門では一生懸命にちゃんと紐づけして分配されていきます。しかし、それぞれのコストをすべて足すと総コストになるかというと、そうならない。その検証すら行っていないということもあるのです。こういう妙な見落としが、社員の意識や目標の共有化に悪影響を与えないように注意しましょう。

分析力に欠け、前年比ベースによる事業計画になってしまう

ほとんどの企業では、企業経営の最重要指標として、四半期ごとに事業計画が立てられています。その事業計画の問題点として、次の諸点があげられます。

（1）事業計画の実行や実績収集、分析のプロセスが分断している

（2）各計画値の実質的な管理・実行責任者があいまいである

（3）計画根拠や基準指標が甘く、とくに市況情報や新製品情報が加味された計画や戦略がない

（4）前年比ベースでの計画にしかなっていない

期首に膨大な時間と知恵を絞って策定した計画にもかかわらず、期末時点では形式的な分析報告に終わってしまっていることが多々あります。「来期頑張ろう！」の掛け声とともに始めたせっかくの計画が消滅しています。この事業計画と実行管理の分断に対しては、私たちは疑問を通り越して憤りさえ感じています。

マネジメントの責任が果たせていなかったり、計画投資予算の使い道が実行時点において適切に行われていないということもあります。形式的な予算消化になり、結果的に前年比ベース

での計画にしかなっていないことになります。

これでは、ＣＦＯ（最高財務責任者：Chief Fnancial Officer）や経営管理部長は、社長の参謀役として務めを果たしておらず、市場の声や変化を察知した、俊敏で的確な期中の経営航路変更が提案できていないということになります。市場スピードに俊敏な対応が求められる企業にとって、市場と乖離するのはまさに致命的です。そこで、大切なポイントを３つあげます。

（１）計画根拠と責任者を明確にすること

（２）計画・実行モニタリングプロセスを定義すること

（３）計画・実行モニタリングプラットフォームを準備すること

まず経営管理項目の関係と管理責任者を明確にします。事業ごとに、その販売エリア責任者が戦略と指標をもって計画を立てるようにしましょう。それを各事業責任者と販売エリア責任者が合意し、最終的に社長までつながるプロセスにします。

次に各経営管理項目について、計画の根拠値（先行指標）を明確にします。計画の根拠は実績踏襲型の企業が多いのですが、現実はそんなに甘くないはずです。厳しい市場競争のさなかで前年売れたからといって、売上が前年比20％増になるでしょうか。

計画根拠値や前提条件値をしっかりと明確にしましょう。例えば、新商品を開発した際の発売当初３ヵ月間の販売台数や他社動向などを考慮し、計画値として管理・モニタリングするようにします。

プロセスを理解しないで責任逃れをする事態につながっている

中長期計画においてＰＤＣＡがうまく機能していない企業のほうが多いのではないでしょうか。中長期計画は翌年、翌々年までは引き継がれます。しかし、大体3年後になってまた新しい計画が出てくると、ＰＤＣぐらい回って中断し、つながっていきません。

おそらく事業部長とか部長ぐらいは実行していると思うのですが、ＰＤＣと回してきて、アクションがなかなか下に、現場にまで落ちていかないのです。現場は依然として、グルグルいつも通りのままです。

部長クラスだと、ここをちょっと変えないといけないと思っても、それを現場に落とし込むのはとても大変です。なぜかというと、業務プロセスでつながっていないからです。部長の掛け声だけで、現場は何をどうしていいかわからないというのが実態です。

ある企業の部署は、一つの事業として運営されています。業務プロセス管理の努力をしていて、毎月ＰＤＣＡの会議も行っていて反省もする。今月の数字が達成できなかった理由は何だろうと振り返ってもいるのです。それでも、なかなか業務プロセスに立ち戻る時間がない。「その暇があったら、外へ出て営業してこい！」となるのですね。

よく「オマエ何年やってるんだ。この仕事わかってるんだろ」と、責任を追及しがちです。

ところが、言われた本人は実際によくわからないので、責任逃れしているわけではありません。

・自分の背中の状態がどうなっているのかよくわからない

・客観的に見える他人から指摘されて実態がよくわかる

ということなんですね。「なんか背中が曲がっていますよ。最近ちょっと右肩下っていますね」なんていうことは外から見ないとわかりません。一生懸命にルールに従って仕事をやる人と、それを客観的に外から見る人とを分ける必要があるのです。とはいえ日本企業では、そういう態勢になっていないのが現状です。

業務プロセスが最適化されていないために、自分の責任ではないのに責任にされてしまうことがありませんか。プロセスAで遅れが生じ、責任はA側にあるのに、なぜかプロセスBにいる自分の責任になったりする。プロセスBで遅延していたら自分の責任になって当然ですが、プロセスがよく見えるようになっていないと、こういう責任転嫁が発生しやすいのです。

業務理解が足りない、業務を正しく捉えていないという場合、本当は結果だけを責めてはいけないのです。プロセスをよく把握していることが大事だということを教えるべきです。実態に合わなくなってしまった昔のプロセスやルールがまかり通っているようなケースでは、ますますややこしくなります。やはりプロセスの実態をしっかりと捉えないといけません。

業務を正しく捉えないでコンサルタントに任せても浪費だけ

コンサルタントに頼めば何とかやってくれるだろう。そういう安易な考えだと必ず失敗します。しかも、お金をムダに使うことになるので注意しましょう。業務改革に当たって、まず自社の業務を正しく捉えること。そこがスタートです。やはりコンサルタントから手助けしてもらって進めたほうが都合がよい場合もあるでしょう。

ただ、コンサルタントは何でもよく知っている、理解していると思われたりしますが、大きな勘違いです。そんなコンサルタントは一人もいません。

逆に、コンサルタントのほうも誤解をしており、顧客企業の人たちは自社業務をすべてよく知っていると思ったりします。しかし、例えば、社員が300人だったときの業務理解に比べ、3000人になると端から端まで業務の状況をすべて正確に理解することは困難です。

コンサルタントも企業も、ソクラテスの「無知の知」を自覚するべきです。

・自分が知っていることを前提にしない

・知らないことを知るということから始める

のが原点だと思います。

私たちもヒアリングの際には、頭を下げて「素人でよくわからないのですが、ここの部分を教えてください」とお願いします。それで「コンサルタントなのに知らないんだ」と、不満を言われたことは一回もありません。謙虚な気持で聞くことが基本中の基本です。

若いコンサルタントは「はい、わかりました」とすぐ言いますが、わかったつもりになっているのが一番怖いのです。その場で「すみません、よくわからないのですが」と、説明を求めたほうがお互いに安心です。「ここがわからないので教えてください」「素人なので素朴な疑問なのですが、どうしてこれをやらないのですか?」といった質問することがよくあります。

そうすると、「あっ、よく気づきましたね。そうなんですよ。それがうちの問題でして」などと言われると大成功です。あとは、詳しく説明してくれます。

業務のプロセスについて聞いていて、もっと探りを入れたいときは「あなたの仕事、楽勝ですか?」のひと言で相手の反応を探ります。あわてて「いや、そんなことはありません」と、ほとんどの人がいかに自分の業務が大変かということを滔々と述べ始めるものです。

大切なことは、目的・目標が明確になっているか、そこを聞き逃さずに探っていくこと。ある意味、簡単なことで、コンサルタント自身が謙虚なら、ちゃんと対応してくれるのです。「トップから現場の棚卸しをしなさい、改善効果を出しなさいと言われています。なので、みなさん協力してください」と言えば、誰も文句を言うことはありません。

現場のルール逸脱が暗黙の了解になってしまっている

現場のルール逸脱が日常化している会社がよくあります。どうして、そんな状況になったのか。意外や意外、社員の責任感に起因していることが多々あります。どういうことか。各部門で閉鎖的な状態が進むと、「他部門に言われる筋合いはない」というセクショナリズムが根付いてしまいます。そうすると、もともと責任感は備わっているので、

・「自分のことは自分でやる」意識が強まっていき、その結果、

・いくら共通のルールがあっても、自分たちで勝手にローカルルールを作ってしまう

のです。こうなるとガバナンスだ、コンプライアンスだと唱えても、何でもできてしまうような状態です。それらがザルのようになってしまっています。

しかもそれが、責任感がないどころか、自分たちなりの責任感によるものですから、なかなか難しいのです。こういう状態で、業務プロセスのフローを描くと、イレギュラー処理が定常化したフローになります。

ある企業で、「依頼がきた→受けた→承認した→次に回す。はい、これでいいですか？ これ

で楽勝ですね」とわざと言うと、「いやいや、この通り動くのは盆と正月しかありませんよ」などと言われることがよくあります。では、実際はどうやっているのか。

担当者の答えは、「まず依頼がきた。内容が足りない。もう一回問い合わせをする。また来た。また確認したら足りない。問い合わせをする。これを3回くらい繰り返し、ようやくシステムに入れられるのですよ」。そうやって、ようやくシステムに入れるのかと思いきや、「まだシステムには入れないです。その間、各自忘れないようにエクセルで別に管理しています」。結果、どんどん別の仕事を増やしている状態になっているのです。

他の企業の例です。各部署で業務標準というものがあり、正式なルールが現場にあるのですが、例外が起きたときに、その場で暫定対応というのを作っています。暫定対応がまた次の月も起きると、暫定対応が日常的に対応策になっていくのです。

根本的な恒久対応に戻さないといけないとわかっていても、いつまでたっても暫定対応はなくなりません。むしろどんどん増えていきます。その理由は、恒久策を打つのが面倒くさい、暇がないというものです。どうして簡単にできないかというと、その事象の原因は、隣の手前の手前、さらに手前の手前ぐらいにあるからです。でも、暫定策で乗り切れるのだからいいじゃないかということになります。しかし、喉元過ぎれば何とやらで、また熱いお湯がすぐ来るということを何度も繰り返すことになります。

根は深いですね。だからこそ、これを解決するには、「正攻法」しかありません。

チェックが必要かどうか統制する態勢すらできていない

各業務プロセスの責任を取る人たちをプロセスオーナーと呼びます。組織の縦軸、横軸それぞれにプロセスオーナーが必要です。プロセスを俯瞰的に見て、有効性や効率性、リスクなどを評価して、プロセスの継続的改善を図っていく責任を負います。難しそうな仕事に思われるかもしれませんが、プロセスオーナーのような立場でプロセスをきちんと見ていれば、非効率性やムダは必ず見つかります。私たちが経験した企業の例を紹介しましょう。

A社は、当時約600店舗を有する食品チェーンです。同社は、間接コストを一生懸命下げようとしていて、家賃の安いところを見つけて本社を2年ごとに移転するくらい徹底していました。しかし、もっと下げたいので、非効率でムダになっている仕事を見つけることにしました。いくつか見つかった中で、経理部門のある業務を丸ごと廃止できました。

この経理部門では、5人いた経理担当者のうち2人が月末になると2日間徹夜していたのです。なぜ徹夜しないといけないのか。

各店舗で働いている人たちはみなアルバイトです。アルバイトに給料を払うために、アルバイト登録をするときに社内システムに給料の振込口座を入力していました。アルバイト料が月次で計算されて、振り込まれる仕組みになっていました。

月末になると、経理の2人が600店舗×n人の振込口座がちゃんと存在しているかどうかをチェックします。振り込まれないと大変なことになるので、一人ひとり確認していました。振り込み時にエラーになって、振り込まれませんでしたということは、会社の規定上、許されません。ですから、2人で2日間徹夜していたのです。

今であればインターネットバンキングで口座を入力した瞬間に、口座の存在をチェックできるようになっています。口座番号を間違ったら、「その口座はありません」と出てくるようになっています。当時でさえ、システムにつながっているのですから、チェック機能を入れると、2人で2日間徹夜することもなかったはずです。

徹夜をしている2人にその話をしたら、「そうですね。でも、来月から私の仕事なくなっちゃいます」と言うのです。2人とも、自分たちの業務について、

・ムダや非効率性を気付いていていながら、当たり前と思っていた

・とにかく毎月、このチェックをしなさいというのがルールになっていた

のです。本当は、このチェックが必要かどうかをプロセスオーナーのような立場の人が見ていないといけません。ところが誰も見ていなかったのです。チェックが必要かどうかすら監査・統制できていない状況を、業務改革で変えてみませんか。

不満を言うだけで責任のなすりつけ合いは改革以前の問題

社員が業務を正しく捉えないで、思考が偏ってしまい、自分たちの範囲内で何とかしようとする。すると、どういうことになるか。不満を言うだけで責任をなすりつけ合うようになります。業務改革以前の問題です。

目的を手段に置き換えて、ＰＤＣＡを回そうとしたりする。その結果どうなるか。社員どうしで遠慮や気まずさが生まれてしまいます。こういう状態で業務改革を進めても、ますます悪い状況が生まれかねません。

失敗パターンで共通して見られる現象は、部分最適化に陥って、全体最適マネジメントが行われていないことではないでしょうか。場当たり的で、自分の立場しか考えていないのです。

それでも、

- 会社が儲かっていて社員も幸せで、業務上で困っていることが何もないなら、無理矢理に業務改革を行う必要はない
- なぜ業務改革に取り組まなければならない状況にあるかというと、やはり会社が思うよう

に利益を上げていないから

でしょう。それで社員の士気が低下し、みんなが幸せ感を抱けないでいる状況なのではないでしょうか。

競合他社に営業力で追い抜かれたり、自社よりも優れた製品やサービスを提供する会社が次々と出現する経営環境を何とかして打破したい。少しでも会社の経営をよくしたい、社員たちに幸せになってもらいたい。そう切実に思い、業務改革に取り組むのが原点です。

プロジェクトリーダーがトップ直下で業務改革を推進している場合、どうしてもネックになっている原因があるのなら、トップにぶちまけてもよいのではないでしょうか。「どうしてもうまくいかないのですが、私の責任なのか、あの人たちの責任なのか、どっちがよくないのでしょうか」くらいのことを相談してみましょう。

それが正攻法です。当たり前のことを当たり前に実行しないで、避けて通ろうとするのがいけないと思います。ある企業で、社長から「いつも通りにピュアにやってくれ」と言われ、そういう権限を与えられたので、3人の専務を忙しいにもかかわらず同じ部屋に集めて意見を聞きました。人事・総務・経理担当、事業担当、ITを管掌する3専務です。

あとで「あの3専務が定例会議以外で同じ部屋に集まるというのは、初めてかもしれませんよ」と言われました。正論でやるかやらないかは、大きく成果に関わってくると思います。やはり正論は正論なのですから、正論でいくべきだと思うのですが。

第2章

妥協する前に〝これだけは〟やってみよう！

赤穂浪士はなぜ討ち入りを果たすことができたのか

忠臣蔵で有名な赤穂浪士の討ち入り。大石内蔵助を筆頭とする47名が一糸乱れずに、主君の敵を討つという本懐を見事に達成しました。失敗に終わらなかったのはなぜか。業務改革の考え方で整理してみましょう。

成果をあげるためには、何よりも目的と手段を取り違えないようにすることが大事だと言われます。では、赤穂浪士は両者を正しく捉えて行動したから目的を遂げることができたのかというと、それだけではありません。そこには「戦略目標」が欠かせません。もし戦略目標を立てずに手段だけに走ってしまったら、無念！な結果に終わったのかもしれないのです。

〈目的〉

仇討ち

〈戦略目標〉

仇討の気がないことを装い、相手を油断させる。新旧の吉良邸絵図面を入手し、念入りな討ち入り配置図を作成する。真冬の寝込みを奇襲し、主導権を確保する

〈手段〉

「おのおのがた、討ち入りでござる」「狙うは怨敵、吉良上野介ただ一人」

〈結果〉

本懐を遂げる「エイエイオー！」

業務改革では、戦略目標を定め、さらに最も重要なＣＳＦ（成功要因：Critical Success Factor）を慎重に決定します。ＣＳＦが目標の実現を可能にするのです（次項参照）。とにかく、

・業務改革を行う目的は何で、達成すべき戦略目標は何か

・その目標は、矛盾なく妥当か

を明確にしないで業務改革を始めても、その時点で失敗は確定的です。

目標設定でよく間違えるわかりやすい例として、ペーパーレス化＝自動化があります。しかし、ペーパーレス化は手段であり、ペーパーレス化が戦略目標に結びつかなければ、目標設定にはならないのです。戦略目標につながるに決まっているだろう、などと安易に決めつけないでください。致命的な落とし穴にはまりこんでしまいます。

それと解決手順が重要です。「何を」「どうやって」「何に変えるのか」。目的を組織に浸透させ、手段の効果をあげるように改革を進めないといけません。その手順を間違えると部分最適化にとどまり、必ず失敗します。結局、赤穂浪士の討ち入りの成功は、大石内蔵助社長によるトップダウンに基づく全体最適マネジメントが導いた結果ではないでしょうか。

目標だけでなくＫＰＩ（重要業績評価指標）を設定する

企業が経営戦略やビジネス目標を実現するために設定し、具体的な業務プロセスをモニタリングして評価するための指標。これをＰＩ（業績評価指標：Performance Indicators）といい、その中でとくに重要な指標がＫＰＩ（重要業績評価指標：Key Performance Indicators）です。目的や目標を達成するには、必ず具体的数値としてＫＰＩを設定します。

ＫＰＩのテンプレートとして、米国の団体サプライチェーン・カウンシル（ＳＣＣ）が定めているのがＳＣＯＲ（サプライチェーン活動参照モデル）。採用するかしないかは別にして、ＳＣＯＲには売上や損益、顧客満足度を頂点として企業が目指すべきＫＰＩが記されています。

ＫＰＩのほかに、最終的に達成すべき目標を管理するための定量的基準されるのがＫＧＩ（重要目標達成指標：Key Goal Indicator）。つまり、

・ＫＧＩは結果指標である

・それを達成するためのプロセスの状況を管理するための先行指標とされるのがＫＰＩ

です。ＫＰＩを設定しても、数値はよくなったのに業績向上につながらないとか、悪化したＫ

PIをどう改善したらよいのかわからない、という事態も起こりがちです。それだけに、業務プロセスが組織の実態に合うように改善し続けるのに、適切なKPIの運用が欠かせません。

もしKPIが経営戦略と結びついていなければ、KPIを改善していく努力は組織としては的外れ。ですから、KPIを改善することが、組織の戦略目標と整合していることが必要です。せっかくKPIを改善しても、それが業績に現れないとしたら意味がありません。KPIの改善がどう業績に影響するか。その因果関係をきちんと論理的に詰めることが大切ですね。

KPIの設定に影響を与え、企業が経営上の目標を達成するために、決定的に重要な成功要因。それがCSF（Critical Success Factor）。

・CSFは業務上の身近な知識や経験に潜んでいるきわめて大事なもの
・それでいて、いい加減に見過ごされたり、なおざりにされたり、避けて通りがち

です。ですから、注意深く、的確に洗い出す必要があります。いくつかを慎重にリストアップし、その中から最も重要な要因を決定します。ポイントは、CSFの実現によって経営戦略や目標を達成できるかどうかです。

経営戦略を実行するのに何をすればよいのかを決定するものですから、CSFの分析と策定は非常に大切です。手順として、まず戦略目標とKGIをきちんと定め、これを具体的にCSFに分解。次いで、CSFに直接影響する対象プロセスを特定する。最終的に定量的なKPIにまで落とし込むようにします。

処理の手前の手前、先の先をつなげて考えよう

「事業」「仕事」「業務」「作業」などにおいて、大なり小なりの結果を出すには、プロセス（仕組み、手順など）を必ず考えなくてはなりません。プロセスを通じて結果を出すには、何らかの価値が付加されなければ意味がありません。つまり、プロセスとは、

・付加価値を生成する単位である
・入力と出力がある

のです。入力に対して、企業経営で必須のＫＰＩ（重要業績評価指標）に基づく価値を付加し、出力に換えるまでの過程、それがプロセスです。メクラ判のように「とにかく判子を押しておいてくれ」みたいな手順は、何の付加価値も生み出さないのでプロセスとはいえません。

しかも、プロセスは一つではありません。連鎖（チェーン）になっていて、それが仕事や業務を構成しています。例えば「～を受け付ける」「～を確認する」「～を作成する」「～を変更する」「～伺いをたてる」「～を承認する」「～を依頼する」など、さまざまな処理のプロセスがチェーンとなって連なっています。これをバリューチェーン（付加価値連鎖）と呼びますが、総合的

に価値を上げるようなプロセスにすることに意味があるわけです。

全社的には、プロセスは部門をまたいでつながっていきます。ですから、1部門の細かな処理や手順の重箱の隅をつつくのではなく、その手前のプロセス、あるいは手前の手前、また、その先あるいは先の先までを見ていかなければいけません。そのためには、鳥の目にようにプロセスのつながりを俯瞰的に見て取る。これが大切なのです。

ですから、「一人ひとり作業手順を書いて出せ」というような指示は、その瞬間から失敗なのです。例えば、「受注」といっても、メール、FAX、EDI……など、書く人によってバラバラです。プロセスという単位のまとまりがつかなくなるし、レベルの単位で考えないと標準化もできないじゃないですか。

プロセス視点で状況を捉えながら、全体最適化していくことが必要なのです。業務改革の支援の際に、企業の担当者から「フロー図ならあります。これでやってください」とよく言われます。しかし、最初から細かな流れを描いたフロー図を見ても、私たちでも「？・？・？」です。その後のつながりがないからです。

ヒアリングしながらレベル合わせすることで一番よく理解できます。その際は、全社で言葉（用語）を合わせること。例えば、担当者は「発注」といっても、実際には全社プロセスの中では「発注依頼」であったりします。発注と発注依頼とではまったく異なります。全体を見ながら、発注ではなく発注依頼をしていることを読み取らないといけないのです。

自社が抱える
さまざまな課題を整理しよう

会社はどのような問題や課題を抱えて、業務改革に取り組むのでしょうか。次にあげるように、会社が抱える問題や課題にはさまざまあります。

〈問題が不明確だったり、取り組み方がわからない〉

・ブラックボックス化されている業務を分析し、どのような問題があるかを明確にしたい
・業務改革に取り組もうにも問題が多すぎて、どこから手をつけていいかわからない
・大胆に業務効率化を図りたいが、トップダウンでは進めにくい
・工数増と過剰なコスト負担を解消するため、改革項目を抽出し、新業務を定義したい
・事業黒字化を達成したいが、業務分析とコスト構造の可視化のやり方がわからない

〈システムの導入・更改も含めて改革したい〉

・新旧、大小のシステムが入り乱れ、手をつけられないで困っている
・システム更改を最小投資にして、最大の効果を上げるためのポイントを見極めたい
・投資対効果を明確にした業務改革&システム導入を図りたい

・基幹システムの老朽化に伴い、新しいIT技術を活用した業務改革を進めたい
・データが現実と合わないことによるペーパー増加や遅延という負の連鎖を改善したい

〈付加価値を生み出す組織・会社にしたい〉

・企業統合・合併が行われるのを機に、適切な業務統合を設計したい
・業務の簡素化とともに、情報漏えいのない仕組みへの移行を図りたい
・少数精鋭を目指した間接部門のスリム化、さらには業務の付加価値向上を目指したい
・強固な会社基盤の再構築を目指し、思い切った業務改革を図りたい

〈業務の改善や効率化を図って体制を強化したい〉

・残業時間を減らすため、実態を可視化して的確な対策を打ちたい
・業務に関係するムダや非効率の問題が山積みとなっている状況を打破したい
・業務を見直して、重複業務を排除して効率化したい
・受注から出荷までのトータルな標準業務プロセスを確立したい
・間接部門の業務の工数を大幅に削減したい
・海外進出の要員シフトと、その原資確保のための対策を練り直したい

いずれも、私たちが20年の間、同様の相談を繰り返し受けてきた項目です。

読者のみなさんも遠からず同様の悩みを持たれると思います。これをどう解決していくか、正攻法の対応・事例について以降に述べていきます。

よかれと作ったルールがムダを生んで定常化していないか

よかれと思って作ったルールが大きなムダを生み、それが定常化してしまうと、問題を問題でないと感じてしまう一例です。

建材加工のA社の社長は、間接工数を減らしたいと思いました。従来A社では、受注オーダーをVAN（付加価値通信網）とFAXで受付ていました。まずFAXを受付する手間（業務量）が大きな負荷になっていることが、定量的な可視化でわかりました。次に送付の多いFAX送付元を分析したところ、VANを使える環境があるにもかかわらず、FAXしていたことが判明したのです。

・正攻法のアプローチとして問題事象をさかのぼって原因を究明する

・結果的に、業務を変えないままで業務量を半減する

結果的に、何のシステムも入れることなく、ちょっとルールを変えただけで、受注を担当する間接要員の人数を半分に減らすことができました。詳細は次の通りです。

A社の受注ルートには2つあって、代理店からの受注と、自社の工事関連会社の受注です。

月1400件のオーダーに対し、10人の受注担当者が仕事をしていました。「これを社長は半分の人数で回せと言うんだ。そんなこと絶対できませんよ」というのが、担当者の言い分でした。そこで、私たちは「このオーダーって、どこからくるかちょっと調べてもらえません？」と聞きました。そうすると、半分の700件は自社の工事関連会社だったことが判明しました。工事を請け負って、自社の建材加工に回していたので多くて当然です。しかも、その700件のオーダーがVANとFAXの両方できていたのです。

理由を突き詰めると、受注担当者たちが自分たちでローカルルールを作っていたことがわかりました。「システムに入れるのは大変だろうから、とにかくFAXでいいから事前に送ってくれ」と、工事関連会社に依頼していたのです。工事会社側はFAXのあと、正式な手順でゆっくりとシステム入力するため、オーダーをダブルでカウントすることもありました。

この分析を横で聞いていた品質管理部長が「オマエら何をやっているんだ」と止めさせました。結果、いらないオーダーが減り、700件のFAXの手間がゼロになりました。

別に担当者も不正をしていたわけではありません。よかれと思ってしたことです。ただし、自分たちでローカルルールを作って、それがちょっと行きすぎたのかもしれません。FAXは手間がかかるということで、小手先でOCR（文字読み取りシステム）を入れたらムダな投資になるところでした。正攻法で進めた成果です。このことで、A社はグループの業務改革の発表会で社長賞を授与されたそうです。立派な業務改革の成果ですね。**（図1）**

そうだ！
正攻法の手法
使ってみよう!!
オーダー入力業務
パソコン注文入力
受注
社長
①
オーダ受付に手間が掛かっている。半分にして欲しい。
②
「・・・。」って、社長が言ってるんだ。
無理ですよ!?
FAXも多いし、システム入力も大変なんです!!
③
もっと、現場の仕事の大変さ解って欲しい
これじゃあ板挟みだよ～
事務処理減らして、もっと、営業に出て欲しいんだがな～

図 1　問題の発見と原因の究明

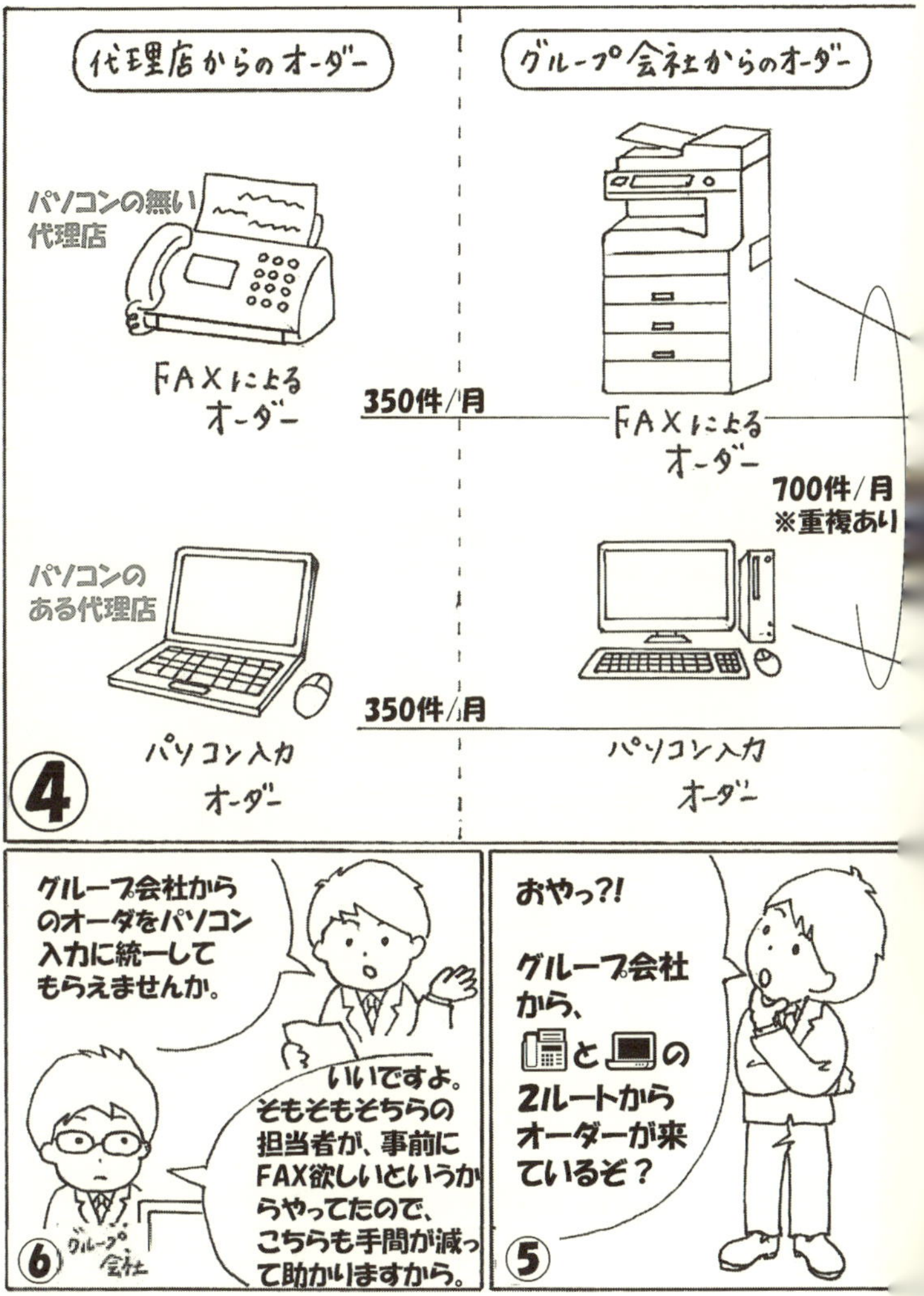

夢を持とう！ 攻めの姿勢がないと一歩も進まない

プロジェクトチームが現場に「こうやりましょうよ」と提案しても、「いや、できない」「どういう権限で言っているのか」「誰の了解を得たのか」などと言われかねない会社が多いのが現状です。もともと各部門は職務分掌という規則にしばられ、自分たちの委任範囲内で仕事をする傾向が強くあります。

現在の環境を変えたくない、業務改革なんて必要ないというのが本音なのです。こういう土壌と雰囲気の中で改革を進めても、社員にとってはどうしても受け身的な取り組みにならざるをえません。攻めの姿勢とは程遠いのです。担当レベルで職務分掌を検討しても、どんどん細かく仕事が増えてしまいます。これでは改革になりません。正攻法でいくならば、

- トップのビジョンと方針のもとに、きちんと目的、目標を掲げる
- トップのお墨付きをもらう＝職務分掌を抜本的に見直す許可を得る
- 実行する意義についてみんなが建設的な意見を交わす
- 成果を目指して力を合わせる

というのが自然な流れではないでしょうか。

それが、どうしてその場しのぎの対症療法的になってしまうのか。本来ならば根本療法をしないといけないのに、「まあ、今期はこれでいいか」みたいな話になるのはおかしいわけですね。プロジェクトリーダーなら「やっぱりこうだよな。オレの思っていたことは間違ってない」というくらいの態度を示しましょう。

夢を持つことは大切ですが、経営コンサルタントが未来の戦略を考えて作成するレポートのような内容を実現しようということではありません。ちょっと前までは、「コンサルがこんなの置いていったんだけど、どうしたらいい？」という相談がよくありました。

要は、きれいな青写真を作り、戦略は立てるけれども、それをいかに実現させるかは企業側が考えて実行しないといけないというわけです。しかし、一番難しいのは、それを実際に行い、柵をいかに乗り越えるかが肝心なところではないでしょうか。

企業の本当のニーズは、お腹が減ったから餅を食いたいだけで、別に絵に描いた餅が欲しいわけではありません。お金をかけずに早くおいしい餅を作って食べさせてあげるのが、私たちのような業務コンサルタントやＩＴ導入コンサルタントです。企業が決めた目標、戦略事業計画を見て、それを実現するにはどういうプロセス設計すればいいか、望んでいるよりもこっちのほうが効率的ですよといったプロの意見が生きるかどうかは、みなさんの前向きの姿勢があってこそです。

トップの意識で高い目線から多面的に実態を共有する

ある会社が最近、同じような事業展開をしている海外の会社を買収しました。買収すると当然、業務やシステムなどを統合するプロジェクトが立ち上がります。そのときに、経営者として何をすべきかという目線や方針が重要になります。

買収された海外の会社のほうが利益率は高く、付加価値の高い仕事をしているということもあります。そのようなケースでは、ただ買い取って吸収してしまうのではなく、彼らを見習い、そのよさを自社に取り入れるという視点でプロジェクトを進める必要があります。

形式的に業務プロセスを合わせたり、システムを統合するというレベルではなく、どうして向こうは利益率が高く、自社はできていないのかという分析が求められます。それには、細かな違いを比べたりするよりも前に、高い目線から全般を比較する必要があるのです。

代理店を介しているのか、ダイレクトでビジネスをしているのかという商流の違い、顧客と取り交わしている契約の中身の違いなど、そういうレベルから比較して分析します。

同社にとって、現場レベルのプロセスやシステムの違いに目を向ける前に、まず鳥の目を持って多面的に実態を解明することのほうが先決なのです。経営者として、両社の違いは薄々わかっていても、なぜ利益率の差がそれだけ生まれるのか具体化して知りたいのは当然です。

そのために可視化は必要なのですが、

・戦略から組織、商流、物流といった高い目線から比較する

・それをやらないで、細かな分析をしても、木だけ見て森を見ないことになる

のです。

ですから、方向性を見失わないようにすることが大切です。このアプローチは、間違いなく正攻法の一環です。

商流、物流の視点で両社を見比べてみると、すぐに気づいたのは縦割りの数の違いでした。それだけ見ても、圧倒的な効率性の違いを判断でき、利益率の著しい隔たりを推測する手がかりになったのです。

組織体制や商流の違いなどに目を向けないで、いきなり細かなところを見比べても、それこそ対症療法になってしまうでしょう。同業種でありながら、まったくビジネスモデルが異なる一面もあり、そこに合わせるのか、片寄せするのか、両方活かすのかどうかは、今後の経営者の判断に委ねられます。

マクロな視点で実態をみんなで共有するという重要性からも、俯瞰して可視化することがいかに不可欠かわかると思います。

細かな業務フローを眺めているだけでは大局に気づかない

製造業の会社は、とくに自社の製品ライフサイクルについて十分に熟知しているはずです。にもかかわらず、俯瞰図レベルで見ていないと大局を読み間違えてしまうことがあります。例えば営業と保守とがポジティブループを描いて回っていくことが会社の利益になるのは、俯瞰して見るとよくわかります。しかし、それぞれが別々に動いている会社のほうが多いです。

営業は、新しい製品を売ることだけに一生懸命、一方、保守・メンテナンスの人たちは営業とは関係なく作業をしています。しかし、製品によっても違うでしょうが、売上高は新品を売るより保守・メンテのほうが大きかったりするのです。

経営がうまく回っている会社では、相互送客ができています。保守の人は、保守をやりながら新製品を入れる機会をちゃんとうかがっていますし、新製品を売る人は「ちゃんとメンテを行ってくださいね」と顧客に伝えるのを忘れません。

保守が自社の利益率の根源であることが社員に浸透していれば、どんな部署の社員でもメンテナンスを重視する行動をとるはずです。ところが、多くの会社ではＫＰＩ（重要業績評価指標）がそのようになっていません。直販営業のＫＰＩに、保守の売上や維持費が入っていないので、営業は自分の仕事に保守は関係ないというような狭い視野になるのです。

じつは、営業と保守の関係に限らず、どのような役割でも、互いにポジティブループになって回っていくようにＫＰＩを設計しておかなければなりません。

・商品やサービスを取り巻く俯瞰図を共有すること

・俯瞰して各役割がポジティブループになって回っていくようにすること

が重要です。俯瞰すると、利益を生み出す仕組みが組織を横断してつながっていることがよくわかります。

情報の流れやＫＰＩの関連付けを作って見せると、つながりがわかって社員の仕事の効率や成果がどんどん上がっていきます。細かなフローを眺めていても、そういうことには気づきません。俯瞰図レベルで見ないと、大局がつかめないのです。

例えば、ＩＴベンダーの人たちが業務改革を行うときに、何十人も投入し、数ヵ月もかけてフローを描いたりしているのを見ると虚しくなってしまいます。たくさん描けば何かわかると思っているのでしょうが、それは間違い。

ブルドーザーで一気にかき出すように地球中を掘り返せば、どこかに徳川の埋蔵金か何かを見つけられるのかもしれませんが、そんな時間も暇もお金もありません。このへんが怪しいなと、下調べをしてから掘り出すのが正攻法です。

正攻法が個人のリテラシー向上とさらなる成果につながる

多くの企業では、40代以上のベテランと20代の若手はそこそこいるのに、その間の社員がいないといういびつな人員構成に悩んでいます。そのため、仕事を任され始めるようになる中堅社員の層が薄いので、その下の若手を育てる時間がとれません。

しかし、ものは考えようで、若手のほうがしがらみにとらわれていないので、少しでも会社をよくしようと自由に意見を言ってくれる期待が大きいのではないでしょうか。

基幹システムの再構築を数年後に控えた会社が、中堅以上の社員にアイデアを出させたところ何も出てこないのでガッカリしたということでした。彼らは、何も考えていないわけではなく、業務やシステムの課題の背景にある難しさをわかっているからこそ、責任上「でも、自分はこの役割だから」と制約をかけ、あえて自分の意見を出そうとしないことがあります。

ところが、若手に聞いてみると

- **「あそこを直したらいいのではないですか?」とごく自然に言える**
- **そういう若手の意見を素直に聞いたほうが、企業の根本的な課題に気づきやすい**

ということも言えると思います。

ＩＴ部門の若手が業務に触れる機会はあまりありません。ある大手企業で、業務改革に取り組んだ際に、業務の人は忙しいので、若手が代わりに業務フローを描きました。それを持って「これで合っていますか？」と業務の人に聞いて回りました。情報システム部門の部長は「若手がワンアップし、リテラシーが向上した」と言っていました。

若手が質問すると、業務の人は意外にも親切にいろいろと教えてくれます。何年も経験を積んだベテランが聞いたら「どうして、そんなこともわかっていないんだ」と突き返されかねませんが、若手なら同じことを言われても、もうちょっと深堀りして理解させ、対策もわかるように助言できます。つまり、リテラシーの向上です。

「ここをやってくださいよ」と言われたときに、言われたままに作るのではなく、要件を読み取って、嫌がられるかもしれないけど、「ちょっと待ってくださいよ。ここをやるより、やはり大本に対して……」と返さないといけないのです。それには、抜本的な改革にはこっちをやったほうがいいのではないかと気づかなければいけません。

目的と俯瞰図という手順を覚えてくると、次第に自分が言われているのは、今どのステージのどの場所だということが3次元的にわかるようになります。自分の立場を把握できるようになり、若手人材がより育つのです。業務改革は若手をワンアップさせ、さらなる成果につながる楽しみも増えるということがいえます。

改善で満足？ それ以上を目指し、次の目標の原動力につなげる

改善と改革とはどう違うか……。一般的には、改善は現状を起点にして何かをちょっとよくする。改革は抜本的にもう一回見直すということになるでしょう。

業務改革は、現場を守るためとか、現場を効率的にするためだけではありません。会社全体をよくするために行うものです。そのため、元々の構造から考え直すことが必要です。構造改革とは言いますが、構造改善とは言いませんよね。

その構造のハブを担っているのがプロセスです。改革を実現するには、業務プロセスに踏み入らないと絶対できません。その意味で、IT部門にとっては、改善のほうが都合がよいのかもしれません。なぜでしょう。プロセスに踏み入らない、業務に踏み入らないですみますから。

私たちも、改革に目を向けませんかと強調しています。正攻法でいうなら、

・改善で苦しむくらいなら、改革で苦しんだほうがもっと見返りは大きい

・ですから、改善で満足しないで、改善以上を目指す

ほうがよいのでは？

とはいえ、〝カイゼン〟で有名なT社では、若手社員は若手なりに自分の見えている範囲でカイゼンを始めるようです。立場が上がっていくと、部署の単位とか、工場のラインの単位とか、部門の単位とか、自分の成長に応じて視野を広げていきます。

若い頃からカイゼンの目の付け所をちゃんと身に着けて段々と上がっていくわけです。彼らが経営層にキャリアアップした頃には、自然と全体最適の視点で行動するようになってくれるだろうという期待が込められています。つまり、20年、30年をかけた壮大な思想が、T社のカイゼンの背景にあるのです。

ですから、他の会社がカイゼンを真似ようとしても、なかなか無理。そもそもカイゼンに取り組むベースラインが、他の会社とではまったく違うからです。人の教育が根本から異なることからも、カイゼンを適用することは大多数の会社に難しいのは明らかです。

T社では、標準プロセスというのがちゃんと定義されていて、

・現場の人たちは標準プロセスをしっかり守って回している

・真似ようとしている他の会社だと、まずその標準プロセスがない

のです。標準プロセスがないので、現場で何かが起きてもマネージャーはどういう状況なのかわからないので対応しようがない。T社では、訓練のたまもので理解の深さが違い、他社が真似ることは難しいのです。間違いなく、T社では標準ということを大事にしています。改善にしろ改革にしろ、標準を持つということは根本的に見習わないといけないと思います。

標準化は共通化ではない、本質はモノサシ

業務改革で最も頻繁に使われる用語の一つが「標準化」。よく共通化するという意味で捉えられがちです。もちろん、そういう要素も含まれますが、その本質はモノサシであり、基準であり、ルールです。モノサシがないと、それと違うものが長いのか短いのかよくわかりません。ですから基準となるものを決めましょうというのが標準化です。

全部が全部、これに合わせるという意味ではなく、まず会社としての基準を決めないといけません。それに対して、差が当然あるわけですが、その差が説明できればまずよしとします。とにかく基準がないと、どのような活動も改善も改革もスタートしませんから。

業務を進めていくにあたって、例えば営業のプロセスを例にとると、営業は最初商談の緩い段階から段々固まっていき、契約に至ります。では、案件の確度が50%といった場合、何を持って50%としているのか。基準がなければ、各人の受け取り方はバラバラになり、不具合が生じます。契約の可能性が半分だと言っておきながら、お客様はまったくその気がなかったということも起こってしまいます。

・基準がないとその数字は意味をなさない
・分析もできない、営業マンどうしを比べることもできない、営業拠点の比較もできない

どの会社にも業務規程とか業務標準と呼ばれる文書がありますが、モノサシとして使おうという意図がなく、相当以前に作成されたもので、内容は形骸化しているのが現状です。使いづらくても、こうした規約が必要になります。また、業務プロセスについても同様ですが、モノサシをどのレベルに設定するかは会社や業務領域で異なります。

共通化するという意味での標準化は、例えば二重登録しているのを一つにまとめるというようなケースです。それによって効率化できるだろうという期待が込められているわけですが、必ずしも思ったような効果が容易に得られるわけではありません。

標準化や一元化、一貫化など、それを唱えていれば業務改革をやっているような気になりがちです。思惑が外れてできないとなると騒ぎ出しますが、それはできないのではなく、突っ込んでないから。また意味をきちんと捉えていないから。正攻法でやっていないからです。

要は、考え方が大事なのであり、考え方を一つにすれば、それが標準化になります。単純に手順を一つというようなことではなく、一つの考え方に基づいたら、どんな手順も自然発生するわけです。

目先のことにとらわれ、しかも自分の範囲でやろうとするから余計にダメになるのです。標準化自体を勘違いしたり、やり方を間違っていませんか。標準化のミスを防ぎましょう。

「風が吹けば桶屋が儲かる」を唱えながら成果をあげる

「情けは人のためならず」「風が吹けば桶屋が儲かる」。私たちは、ことわざを唱えながら、業務改革の支援で成果をあげています。前者は、意味を取り違いやすいのですが、人に情けをかけておくと、巡り巡って、結局は自分のためになるというのが真意。縦割り組織の弊害で、個別最適、悪く言えば利己主義に陥りがちな中で、みんなで助け合って業務改革を進めていきましょう。そのことが、自分の幸せにもつながっていくということなのですね。サプライヤーとも、こういう関係を築ければ、納期遅れは減る（なくなる）はずです。

「風が吹けば桶屋が儲かる」も、こじつけなどと誤解されやすいことわざです。問題点の原因として因果関係をきっちりたどっていくことが根本療法につながるのであり、対症療法をいくらやっても成果をあげられません。根本療法こそ業務改革における正攻法です。

正攻法の業務改革は、

- **企業だけでなく、身近な生活におけるいろいろな問題や悩みの解決にもきわめて有効**
- **専門的な知識がなくても、しっかりした目的と改善意欲があれば道は開ける**

と思うのです。以前、大学に頼まれて学生に業務改革の手法を教える集中講義をしたことがあります。最後のレポートのテーマを「自分の身近な生活の中で業務改革を取り入れたら、改善されること、幸せになることがあるか」としました。学生から提出されたレポートの中で感心したものを数例紹介しましょう。

一人は、実家がコンビニを自営していて、その手伝いで個人的に悩みを抱えていました。毎日早朝3時頃にトラックが商品を大量に運んでくると、両親は荷卸しで忙殺されるため、自分がレジに立たなければならず、それが面倒で嫌で嫌でたまらないというのです。

そこで、少しでもその時間を短縮したいと戦略目標を決め、両親の業務プロセスを俯瞰して見直し、プロセスを設計。別に、コンビニで儲かって両親を喜ばせようというような殊勝な目的だったわけではありません。自分が少しでも楽をしたい、空き時間で他のことをしたいという切実な動機に基づくものでしたが、それでよいと思うのです。

別の学生は、ガソリンスタンドでアルバイトをしていて、3人でやっていたそうです。言われた通りに仕事をやっているが、どうも非効率な感じがするので、業務改革のやり方で考えてみた。現在の手順を変えると2人で回すことができ、その代わりバイトの給料を上げてもらよう交渉できるのではないかという案です。アルバイト料を上げるという発想がおもしろく、きちんと戦略目標を決めるのは業務改革の視点です。この2例だけでも学生が元気になる姿が想像できませんか。これこそ私たちが提唱する業務改革の正攻法によるうれしい成果なのです。

対症療法ではない、根本療法で因果関係の究明を！

問題を解決するには、２つの大きなアプローチ法があります。一つは対症療法であり、もう一つが根本療法です。業務改革に取り組むには、根本療法が欠かせません。かといって、対症療法が悪いとはいいません。緊急を要する場合は、対症療法もやむをえませんから。しかし、

・継続的な企業活動を維持するには根本療法こそ必要

・根本療法で、自社の問題点を徹底的に究明しなければ病気は治らない

のです。例えば、企業にとって、システムが古くなったから入れ替えるとか、問題が起こったので再発防止策を考えるという局面において、結果的に、小手先の対応、対症療法ですませてしまっていることが多いのではありませんか。

なぜ根本療法を施さないのでしょうか。それは、問題の本質の究明を考えもしないか、見極める努力を怠っているか、あるいは見極めようにもやり方がわからないかです。

では、問題の本質を見極めるには、どのようにすればよいでしょうか。それは、まさに「風が吹けば桶屋が儲かる」のことわざのように、原因と結果の因果関係をたどっていくことが肝

心です。わずかな変化により思わぬ所に思わぬ物事の影響が出て、変化がなかった場合とは状態が大きく異なってしまいます。

①大風で土ぼこりが立つ
②土ぼこりが目に入って、盲人が増える
③盲人は三味線を買う（当時、三味線は盲人が弾いた）
④三味線に使うネコ皮が必要になり、ネコが殺される
⑤ネコが減ればネズミが増える
⑥ネズミは桶をかじる
⑦桶の需要が増え桶屋が儲かる

では、ことわざとは逆に桶屋が儲からなくなったときにどうしたらよいでしょうか。ネズミを放してもネコがいる限りはまたネズミは食われるので、ネズミを増やした投資はムダになってしまいます。つまり、ネズミを増やすというのは対症療法です。

では、ネコを減らせばよいのか？　やみくもにネコを処分しては動物虐待になってしまいます。正当な理由が必要なわけです。そこで、風を吹かせばいいんだという話になります。

このように、問題の本質を見極めて解決するには、問題事象の発生の因果関係をつかむことが必要です。それさえつかめれば、自ずと問題事象を押さえるために何をすればよいかが明らかになり、自社の抜本的問題が解決できます。

人の問題か、システムの問題かを見極める

システム設計では、基本設計、機能設計、詳細設計、プログラミング、単体テスト、システムテストというのが主な流れです。基本設計をするためには、投資対効果が本当にあるかどうかなどがわからないといけません。それ以前に、そもそも当社は何をしたらいいのか、システムの問題なのか、人の問題なのかということもわからなかったりします。

そこから答えを出さないと、システム設計は始まりません。このような傾向になったのは、システムが華やかなりし頃のＩＴバブルを経た苦い経験に基づいています。１９９５年から２００２年あたりまで、企業のほうから「これが欲しい」と言ってくれた時代がありました。

しかし、何億も投資してシステムを入れたのはいいけど、回収できない羽目になって、「もうだまされないぞ」と言う経営者も出てきました。自社の業務に対しては、「何をやってる。オマエらちゃんと仕事を見て、そのシステムを入れたのか」と喝を入れ直し、「システムの問題なのか、人の問題なのかを見て対策を考えろ」と要求するようになったのです。

そこで、ＩＴベンダーは、企業のニーズに応えるように、課題整理や現状分析、投資効果、評価、

企画立案、新プロセス定義といった超上流領域を手がけるようにシフトしていきました。そういう時代の流れがあって今日に至っています。

ですから、業務コンサルタントやIT導入コンサルタントであれば、企業の目標が何かを理解して、何を求めていて、どういう業務プロセスで成り立ち、どんな仕事なのかを、聞きながら自分で整理して書いてあげられないと、業務改革のサポートはできないと思っています。企業が将来に向けて何を求め、何をすべきかは、経営コンサルタントの領域といえるでしょう。

ITベンダーから「現状をとりあえずシステムに流してみましょう」と言われ、現状を描いて渡したけれど、全然うまくいかないという相談をある企業の人から受けました。それは当たり前です。そもそも、現状がおかしいから業務改革・システム更改をすることになったわけですから。

「それって、現状のままなんじゃないですか」と言ったのですが。

・新しく業務プロセスをデザインしないで現状をそのまま描く
・現状が曖昧なのだから、曖昧なままの状態をシステムに載せることになる

これでは、曖昧なまま動いて、動きが変になるのは当然なのです。

どうして途中を、しかも肝心なところをすっ飛ばして進めるのかよくわかりません。とにかく、早くシステムとして動くものが欲しいのでしょうか。まずシステム設計の前に超上流にアプローチする、そして人とシステムの問題を見極めるようにしなければならないのです。

在庫だけの問題か？　桶屋が儲からなくなった原因を考える

実務担当者から「このことに困っているんだけど、どうしたらいい？」と質問されたらどうしますか。「このこと」というテーマをせっかく与えてくれたので、いきなり、そこにフォーカスして問題を追究するとしたら早急すぎます。なぜなら、

・そのテーマにしか対応できなくなるので、対症療法になる可能性が大きい

・「このこと」の部分だけだから、改善で終わってしまう

のですね。業務改革は根本療法であることを忘れないようにしましょう。

根本療法とは、問題となる事象がどこから発生しているのか、その因果関係をつかんで問題の本質を見極め、病気を根治しようということです。「風が吹けば桶屋が儲かる」を応用して、逆プロセスで桶屋が儲からなくなったらどうするかをたどっていき、因果関係を究明しなければなりません。

では、「当社は在庫の問題で困ってるんだけど、どうしたらいい？　在庫を減らすためにはどうしたらいい？」と質問されたらどうしますか。

在庫と言っているけれど、私たちは、そもそも在庫ということから疑ってかかります。「在庫って言っていますが、在庫を減らすというのは、そもそも御社の事業にとって、どういう意味を持ちますか？」から始めていきます。在庫を減らすことで、他にどういう副次効果があるのか、そういうところも含めて聞く必要があるのです。

ですから、関連するプロセスやフローを確認してもらいます。すると、おかしいところがあるので、「ここで在庫が減ると言っていますが、もっと他にするべきところがあるんじゃないんですか？」というように数歩進めていくこともあります。

在庫を減らしたい理由として、不良品を減らしたいという本音が隠されていたりします。どちらかというと、それは製造の中でのＫＰＩ（重要業績評価指標）です。不良品を減らすといっても、「ここ」の範囲だけで減らそうとすると、人を入れたり、システムを入れたりする必要も出てくるかもしれません。「ここ」だけでもコストがかかったり、余計な投資をしなければならなくなります。

ですから、「ここ」の不良がなぜ発生しているんだろうという理由をやはり追いかけていかなければならないのです。そういう抜本対策を図れば、もしかしたら、人を増やさないで、システムを入れないで、不良品が減るかもしれません。

対策というのは連鎖であり、つながっているものです。在庫という問題に戻ると、在庫にしか目をやらないというのは、業務改革として正攻法ではないと思います。

「予算ありき」の邪道がまかり通る矛盾

ある地方自治体で人事システムを導入するためのプレゼンに参加しました。県庁から県病院、県警、教育委員会、市役所など、すべて含まれます。人事管理といっても、これらはそれぞれに評価方法が異なるので、さすがに、「汎用のパッケージシステムで行おうなんて、まさか思っていませんよね？」と質問しました。すると、何と、それらをすべて一括管理できるシステムを求めていたのです。しかも、手作りではなく、パッケージが要望でした。

「3ヵ月ください。どこに入れればよいかをそれぞれに見極めますから」と要望したところ、県議会で通ったのはシステム導入という名目だから、業務分析とかそういう名目では予算は使えないと言われてしまったのです。「そうですか」と引き下がるしかなく、せっかくの引合でしたが、それで終わってしまいました。しかし、明らかに、そんなシステムを入れたら、追加開発は必須で、結局は使えないシステムとなり、税金のムダ遣いになってしまいかねません。

予算があるということは成果が出ないといけない。成果を達成するための予算です。ところが、

・投資対効果と言いながら、予算の名目ありきになっていないか

・予算ありきではなく、優先すべきは目的・目標・成果ありきではないか

と思います。きちんと分析して立てた予算名目があって、それに割り当てられた投資効果が評価された予算だったら、その通り使えばいいのです。しかし、とりあえず割り振った予算と、とりあえず立てた仮の名目を、錦の御旗のようにして使っても、目標のＫＰＩ（重要業績評価指標）が間違っていれば、期待する効果が得られないのは当たり前の話です。予算は大切ですが、正攻法でいうなら、（仮定でもよいので）裏付けのある予算を立てること、ＫＰＩを設定することが必要です。県民の税金の予算を使い切ることが目的なんて、とんでもない話です。ただし、すべての自治体がこうではありません。「経済産業省　中小企業庁が支援する商店街活性化活動（http://www.chusho.meti.go.jp/shogyo/shogyo/old_panf.html）」は、背景、目的、事業をプロセスの課題、体制、成果を捉えた私たちの提案する正攻法に近いと考えます。

身近な会社の例でも似たような話があります。ある部の予算を立てるのに、費目が違うと経理から怒られました。事業を伸ばすための活動予算として全体枠を確保したかったのですが、何かを買う費目にされました。こちらの気持ちとしては、大枠の中でソフトを買ったり、セミナーに出るためのスポンサーの料金を払うなど、いろいろあるのです。その目的は全部一緒なのですが、費目が違うと言って蹴られました。経理という仕事のミッションとしては仕方がない面もありますが、どんな組織でもお役所的な感覚が抜け切れないところがあるのは残念です。大切なのは、予算を割り当てて使うことではなくて、予算を使って成果を上げることなのですが。

「改革は手間がかかる」は間違った思い込み、クイックを目指そう

本当の業務改革は手間がかかります。夏休みの宿題のように、「できました」で出して終わりではありません。しかし、確かにそうかもしれない反面、それは間違った思い込みです。私たちは3ヵ月で一応の成果をあげようと提唱しており、「Ｑｕｉｃｋ Ｗｉｎ」という手法を用います。思い込みは捨ててクイックを目指しましょう（第4章「目の前で確認して可視化する『Ｑｕｉｃｋ Ｗｉｎ』とは」参照）。

私たちが実際に行っているのは、まず現状確認のステップで、とにかく、どこが悪くてどこが抜本的問題かといったところを1ヵ月（実質20日）で見極めます。次に、それをどうしたらよいのかという作業を2ヵ月で行います。現状のヒアリング期間が10日で、つまり0・5人月です。そのあと、「Ｔｏ Ｂｅ」といって、新しくどうしたらよいかについて業務設計をします。これが20日。トータルでは、1・5人月です。

もちろん、1・5ヶ月隙間なく、ずっと同じ人をアサインしているわけではありません。業務をよく知っている人にヒアリングしたいのですが、そういう人は大変忙しく、どうしても間

が空いてしまいます。

私たちの経験上、社内で有識者といわれる人へのヒアリングは、監査や決算と重なりがちです。すると、「もう今週は、2時間も時間が取れない」と言われたりします。相手が経理の人の場合も、決算があるので、やはり月末月初、とくに月初は対応が難しい。

逆に「いつでもいいですよ」と言ってくれる人は、そもそもあなたは暇なんですね、あなたの仕事を見直したほうがいいんじゃないですかという話になります。いまどき、有識者でそういう人は実際にはいません。

企業は、仕事の具合を見て究極まで人を減らそうとしていて、抜本的に削減しない限りはどうしようもありません。そこで私たちの出番かなと思っています。Ｑｕｉｃｋ Ｗｉｎというアプローチは、イギリスに本拠地があるＩＴマネジメントの団体ＩＴＩＬで定義されており、

・短い期間で投資をきちんと回収できるような活動のことを指す

・そもそもＩＴの導入や業務改革では、何事も半期で成果を出す

というのが普通です。半期どころか、四半期で締める会社も少なくありません。四半期で締めたときに、売上目標や利益目標が達成できるように対処しないと本当はいけません。

とはいえ、四半期ごとに結果だけを見て、そこに場当たり的に対症療法を施しても絶対に追いつけません。ですから、しっかり利益が出るように抜本的に構造的な改革をしなければならないのは、ごくごく当たり前のことだと思います。

その仕事、なくしたら？柔軟に発想できるか

「業務改革で一番効果が出るのは何か知ってる？ その仕事を丸ごとなくすことだよ」

ある企業の経営者がそう喝破するのを聞いたことがあります。ズバリその通りです。その仕事とは、つまりプロセスのことです。バリューチェーンともいうだけあって、付加価値を生み出すために、プロセスにはいろいろなコストがかかっています。

コストを最小にすると、付加価値が上がるので、究極はコストをゼロにする。そのプロセスをなくせば、コストがかからないわけです。ですから、いっぺんに年間の目標達成ということも可能になります。この経営者のような大胆な発想が業務改革には必要です。

もちろん、事業をやめてしまえということではありません。事業をやめてしまっては、会社の収入がなくなってしまいます。あくまで、ここでいう仕事とは、事業を運営するためにやらなければならないプロセスです。

それでも、それらをなくすと言うと、実際にその仕事に関わっている担当者は驚いてしまいます。「えっ、そんなことできません！」と、短絡的に考えるかもしれません。しかし、必要と思っ

てやっている業務の中に、やらなくてよい仕事が隠されていることもあるのです。その仕事が本当に必要かといった視点が欠かせません。どうしても、「その仕事ありき」で考えがちですが、それでは効果的な業務改革になかなか結びつきません。業務を丸ごとなくすには、

・その業務の担当者の範囲を超えて考える

・その処理の手前や、先で何をやっているかをつなげて考える

のがコツです。社内に問題は山積しています。そのための業務改革です。硬直した発想で取り組んでも、立ちふさがる既存の壁に弾き飛ばされてしまいます。心に余裕を持って、柔軟な発想で進めていきましょう。同じ市場環境が2年も3年続くことがない中で、ビジョンも戦略もない企業経営では自社の存続と繁栄の目的は達成できないことは明らかです。市場変革にともなう朝令暮改を乗り切れる考え方と仕事の進め方ができなければ生き延びることができません。

明確なビジョンを持つだけでは足りず、できるだけ具体的で明確な姿と、そうなる理由や背景、方針を正しく捉えることが大切です。絶えまざる業務改革に努めていかない限り、つねに厳しい競争にさらされている企業が生き残っていくことは不可能です。経営層がふだん気づかない課題さえも考えながら発見することが大切です。現状を的確に捉え、投資対効果の仮説を立て、解決方針を画策する必要があります。プロセスや権限と役割分担、曖昧なルールといった原因に行きつくケースもあるでしょう。ユニークな発想で業務改革に取り組むことが望まれるのです。

第3章

壁の破り方、超え方、横串の刺し方

縦割り議論はよくいえば個別最適、悪くいえば利己主義

多くの企業でごく普通に定着している、事業ごとに区切られた機能別の縦割り組織。当然、よい面が多々あり、各事業が運営しやすいという面もあれば、プロフェッショナルな人材が育ちやすいというメリットもあります。

では、縦割り組織の弊害とは何か。重要な一点は組織に横串を刺した全体最適の視点が欠落しやすいという点です。その視点は、階層レベルをずっと上がっていき、結局、社長でしか獲得できず、全体を掌握できるのは社長だけ、という企業は少なくありません。この状況は、

・個別最適に陥ってしまい、悪くいえば利己主義がはびこる土壌を培うリスクを抱えている

・そうならないためにも、エンド・ツー・エンドで考える。つまり端から端まで、顧客起点で業務を行うことが欠かせない

のですが……。顧客から始まって顧客に戻るのは、業務の基本です。しかし、各部門の責任者が頭では顧客志向になるべきだとわかっていながら、縦割りの弊害が生じやすいのはなぜか。それは、一歩役割の外に出ると他部門には口を出せない特有の雰囲や文化に押さえ込まれてし

まうからです。欧米企業では、結構、他部門に土足で踏み込んで議論を戦わせており、日本とは文化が相当違うようです。

縦割りの組織では、部門ごとにＫＰＩ（重要業績評価指標）や目標が異なります。製造部は生産コストを下げるというミッションを掲げ、営業部は売上を追求する。それぞれに異なる目標は、トレードオフの関係にあるので当然、あるとき激しくぶつかってしまいます。

営業部は、顧客に対して納期に追われる。対する製造部は「そんな急にオーダーを持ってこられても、対応しきれない。なんとか調整できないか」という具合です。それでもバランスを取って、お互いに妥協しながら調整していかざるをえません。

最後は、会議などで「これとこれがぶつかっているのですが、全体最適のために調停してください」とトップに依頼する。しかし、ある程度の規模であれば采配できても、規模が大きくなってしまうと、プロセスも数字も縦割りで、全体の現状をつかみ切れないのでトップでも調整は難しいでしょう。全体最適の姿とはほど遠くなりかねません。

構造的にどうしようもないという前提の中で、どう業務改革を進めていくのか。

欧米企業で定着しているプロセスオーナー（責任者）という制度に注目しましょう。各プロセスをモニターして把握し、責任を取るのがプロセスオーナーの役割です。自社を采配するプロセス設計図をもとに指示を出すのが当たり前の欧米企業。プロセスマネジメントに関して、日本企業はしっかり学ぶべきだと思います。

物事は俯瞰して見ないと大局をつかみ取れない

業務改革やシステム化で、それぞれの部門ごとに、自分たちに都合のいいように解釈して進めたり、導入したりする企業が多いのが現状。それをあえて邪道と呼ばせていただきます。もう一回原点に立ち返って正道、正攻法で実行することを考えようではありませんか。

それには、何といっても業務改革の本質をしっかりと掴み、きちんとした目的を持って取り組むこと。まず、関連する業務プロセスを俯瞰的な視点から捉えて可視化すること。それらが欠かせません。物事は何でもそうであり、

・一段上からつねに見える状態にしてないと大局をつかみ取れない

・例えば、サッカーのテレビ中継を見ていると選手の動きがよくわかります

大局を把握し、そこから、だんだんと細かく探っていき、ボトルネックを見つけて、ボトルネックがあるところは掘り下げていく。ボトルネックではない部分は、そこがブラックボックスになっていようがかまいません。

そのボトルネックがどこの連鎖で起こっているのか。どこに本当の原因があるのか。それを、

俯瞰的視点で探し出さなければならないのです。

その原因に対処すれば、ボトルネックになっている問題は直ります。まったく違うところにいくら対処していても解決策には至りません。妙な責任感から自分のできる範囲で対処しようとすると、本当の対策を施すことにはなりません。責任感が邪魔するのです。

全社業務を俯瞰して対処しなければならないのに、自分たちの範囲の中で議論しているだけ。そうすると、逆に真の問題解決から遠ざかってしまいます。自分たちにとって、本当の幸せとは何なのか。その肝心な点を実のところ誰も見ていなかったりする事態も起きるのです。

個別の部分最適のままでは、全体最適につながっていきません。ですから、原点に戻って正攻法で業務改革を行わなければいけないのです。それには、まず俯瞰的に大局をつかみ取ることに全力を傾けましょう。勘違いしやすいのは、業務フローを変えるのが業務改革だと思っている人が多いことです。まったく違います。まず目的と戦略目標をきちんと捉える。俯瞰的にプロセスを見て商流、物流、金の流れをつかむ。あとは、個別のプロセスのフローを見ていく。この3つを押さえることを忘れてはいけないのです。

欧米企業で、縦軸・横軸の各プロセス内容に対して全責任を担っているプロセスオーナーは、現在のプロセスのどこがネックになっているかを常にモニタリングしています。こうしたプロセスオーナーが役職として不在の日本企業は、プロセスマネジメントで大きく立ち遅れている現実を認識する必要があるのです。（図2）

但し、機能部門毎に、プロセスオーナーを配置して、各オーナに任せるのでは、個別最適止まり。

図2　プロセスオーナーとCPO

改革プロジェクトの体制、スタッフ、役割を十分に確認する

企業の多くは、責任分担や職務分掌が見えない壁となり、社員が部門を横断して何かを考えることを阻害しています。もちろん経営会議のように、横串に見るとか全社最適を視野に入れた議論の場もありますが、一部の幹部層だけの閉じた場でしかありません。

経営会議は全社の状況を見て判断する場ですが、現場に近づけば近づくほど隣の部署について口を出すような場はめったに見られません。業務改革のような会議は、フォーマルな会議体ではないにせよ、いろいろな部署の人を一堂に集めるのはそもそも難しいのです。

みんな忙しいし、余裕がなく、何とか時間を作って、通常は彼らの役割ではない会議に出てもらう理由が必要だからです。誰も自分のタスク（与えられた仕事）のKPI（重要業績評価指標）がすべてなので、それ以外の活動はしたくありません。ですから、プロジェクトに参加することで、自分によい影響が及ぶことが示されないと時間を割いてはもらえないのです。

場は重要であるにもかかわらず、みんな敬遠しがちで、大体が「オマエやれ」と人任せにしようとします。「場は作らないでやってほしい」とか「責任者を置かないでやってほしい」な

どと言う人もいます。しかし、ここで場をなしにしたら邪道で、正攻法でなくなります。

・人任せではないというのが場であり、

・「正攻法でいきましょう、場を作りましょう」

と強く説得しなければなりません。

誰もが時間を取られてどういう見返りがあるんだというスタンスなので、担当レベルで依頼しても無理です。役員クラスに説明してもらい、トップダウンで落とすのが正攻法だと思います。改革の場を作ることに最初は力を注がなければならず、その場が作れたら勝ちともいえます。そして、プロジェクトの責任者として指名されたら、プロジェクトリーダーが場を作ることに全力を傾ける必要があるのです。

プロジェクトを立ち上げるときの体制づくりには、ネゴシエーションのパワーが欠かせません。それにはテクニックがあります。大賛成の人はめったにいないので、反対ではなくてニュートラルになってもらって、少しだけ意見をもらうようにします。この部署のこの役員は反対派ですが、願わくば賛成に回ってほしい。せめてニュートラルになってもらうように泥臭い作戦を練ることもあります。反対する役員と仲のいい人に働きかけたりもします。

まず、改革プロジェクトの体制、役割を確認しましょう。役者は十分か。脇役ばかりで主役がいないなんてことはありませんか。主役はいつもセンターを張れていないといけません。リーダーという名の事務局担当になっては困ります。

主役のリーダーは縦割り組織に横串を通すことができるか

業務改革のプロジェクトチームは、縦割り組織に横串を刺して、物事を改善していく合意形成をしていかなければなりません。作業が大変なことは当たり前。それを切り崩して縦割り組織を調整していくのがチームリーダーの役割です。

そもそもリーダーに就く前に「どうしてオレがやらないといけないんだ」「俺の組織、職制にはそんな責任はついていない」などと思ったりするものです。ですから、「あなたには職制上の責任はないけれど、全社の課題解決を任せる」と、トップがお墨付きを与える必要があります。プロジェクトリーダーは、責任者として指名されたら、自分で業務改革の場を作らなければなりません。指名される前に場を作ってもらって、そこで投票して何かやりましょうというような民主主義の手法を適用しても仕方ありません。

私たちも、ある大手企業でトップにプロジェクトを任されたときにまず場を作りました。3人の専務を呼んで、1人の専務の部屋に集まってもらいました。後で聞くと、3人の専務が同じ部屋に集まるのは経営会議以外では初めてのことだったようです。業務改革の場というのは、

・プロジェクトチームのみんながつながることに意味がある
・前後の話が食い違うようではダメで、心も意思も気持ちもしっかりつながる
・俯瞰的に物事を捉えられるようにしなければならない

のです。そういう人たちが集められているのが「改革の場」です。ワーキンググループという名ばかりのチームでなくて、ワーキングの場を整えればいいのです。

プロジェクトの責任者には、マネージャー、リーダーがいますが、プロジェクトオーナーあるいはプロセスオーナーという主役もいます。オーナーというのは、最終的に責任を負う人であり、プロジェクトに失敗したらオーナーの責任です。

プロジェクトもやはり、いろいろお金がかかりますから、例えば5000万円の予算で5000万円ムダにしたらオーナーが責任を負わないといけない。それをナァナァにしているとしたらおかしな話で、オーナーとは呼べません。

場というのは雰囲気や空気ではないわけですが、「私がやらなくちゃいけませんか。まあいいですよ。わかりました。社長」とか言って、何となくオーナーを引き受けたりします。その後、社長から「どうなんだ」と言われ、「何か進んでいるようですよ」と返事をする。そのうち、「いや、ちょっと成果出ませんでした」とか言って取り繕うというのは正攻法ではありません。「わかりました。いくら使っていいですか。5000万円ですね。じゃあ、3年で回収、4年後には20％利益を向上させます」と言って引き受ける。それがプロセスオーナーだと思います。

経営戦略と現場をつなぐ人は本当にいますか

問題のある企業というのは、どういう状態にあるか。よく見られるのは、経営方針や事業戦略が示されてはいても、それに対する現場の人の動きがかみ合っていないというケースです。経営と業務実態とが乖離しているわけです。ですから、業績が思うように上げられない、先が読めない、業務改革ポイントがわからない、IT投資効果が読めないといったことが次々と起こりがちです。

予算を達成しているからといって安心はできません。経営と現場とが本当に合致しているとは限らないし、たまたま現場がうまくやってくれたのかもしれないのです。とくに景気が悪くなって業績が落ち込んでいくと、矛盾が露呈されやすくなります。

では、景気に左右されず、安定した経営を行って、企業活動を推進するには何が必要か。答えは、継続的業務改革なのです。経営と業務実態とが乖離するのは、

- **経営と現場をつなぐ人がいない**
- **そのため、業務プロセスの運用や循環がうまくいっていない場合が多い**

からです。その結果、モノの滞留・遅延、情報の不整合などが次々と発生しやすくなります。もし、経営と現場をつなぐ人がいれば、業務プロセスをつねにモニタリングし、主体的にチェックしているので、不都合が生じていれば原因を解明して解消します。また、プロセスがどうあるべきかという設計もします。

このようなプロセスの運用状況に責任を持つ人を「プロセスオーナー」と呼んでいます。欧米企業では当たり前のように導入されているのですが、日本企業には残念ながらこのような会社制度に基づく人は存在していません。

プロセスオーナーは、横軸のプロセスを通じて業務を捉えられるため、縦割りの弊害をできるだけ阻んで、利害得失を調整する役割を担っています。つまり組織をまたいで全体最適化の観点から業務を考えることにより、個別最適化がもたらす課題を解決し、できるだけ減らすようにします。また、継続的業務改革を通じて、プロセス志向型の企業構造の構築を目指し、例えば次のようなことを達成します。

- **パフォーマンス向上：プロセス差別化による競争力強化**
- **俊敏な変化対応：柔軟な業務基盤構築、組織の学習能力向上、高いＱＣＤレベルの保証**
- **ガバナンス向上：迅速・適切な意思決定、規制対応／内部統制リスク**

まさに業務改革推進の立役者です。プロジェクトリーダーが力を発揮するのを強力にサポートしてくれる頼もしい存在ですが、社内を見渡して該当者はいますでしょうか。

経営と現場をつなぐ企業モデル
目と頭と手の3層体制で

業務改革は、経営（戦略目標）と現場プロセス（業務とＩＴ）をつなぐ活動であり、そのあるべき姿は**図3**のように3層になっています。経営層が位置する最上位を「Ｓｔｒａｔｅｇｙ層」と呼び、目が描かれており、つねにモニタリングしています。モニタリングの対象となっているのは、社内ではなく市場であることに注意しましょう。

3層において、一番下の層の現業部門に業務改革を担わせるのは不可能です。日本の企業文化ではなじみがない組織体制ですが、真ん中の層の専門部隊が必要ということになります。つまり、指令塔の経営層と一体となって業務改革を進めていきます。

（1）最上位層（目）：常に市場を見て、企業として進むべき方向を決定する指令塔です。

（2）真ん中の層（頭）：下の層の現業のパフォーマンスを評価指標でモニターしながら、指令塔の方針を妨げたり、低下させる要因をいち早く察知し、修正していく、まさに業務改革推進チームです。

（3）下の層（手）：現業の実行部隊。今の業務のやり方が効率的かどうかは関係なく、今の

図 3　業務改革の 3 層階

やり方に従って、その通り実行します。勝手なルールを作ったりすることは許されません。

業務プロセスを主体的にチェックする人は誰か

前項の業務改革の3層図で、一番下の層が現場の業務を実行している人たちで、手が描かれています。現場を俯瞰的に見て「ここが問題だ」とか「どうなっているのか」を見る人が真ん中の層です。ここがまさに業務改革推進チームであり、プロセス内容の責任者のプロセスオーナーもこの層にいます。プロセスのどこがネックなのかをチェックしています。日本の会社では、一番下の層しかなくて、真ん中の層が存在しない会社が多いのではないでしょうか。プロセスオーナーがいないので、経営と現場の乖離が生じやすくなります。

・自社の組織に横串を刺して業務プロセスを俯瞰してすべてモニターする

という権限がプロセスオーナーには与えられています。そうした役割と権限のある地位の人を自社内から選ぶとなると、欧米企業でもしがらみがあるようです。なので、ふさわしい専門家を外部から招へいすることが多く、適切に機能するように制度を運用しています。

プロセスオーナーは、モニタリングだけでなく、一番下の層の現業部門に対し、効果・評価に裏付けられた業務プロセスやルール変更の権限を持っています。例えば、値引きという行為にしても、営業担当の言い分で勝手に行われては会社の収益は守れません。真ん中の層では、勝手な値引きがなされないように、ルールだけではなく、システム化も必要になります。ルールだけでは、それを守らないことが個人の責任になってしまうからです。システム化によって絶対に起こらない仕組みにしてしまえば、勝手な値引きなどは発生しなくなり、個人の責任は問われなくなります。

・プロセスを定義し、管理するのは、ミスやルール違反に対して個人を責めるためではない

・幸せな社内環境を作ることにも通じる

のです。組織に真ん中の層がなくても、ときには現場（最下層）のマネージャーも、真ん中の層の感覚でプロセス改革にチャレンジしていくのが望まれます。

一番上の層が指令塔で、目が描かれていますが、この目はどこを見ているかというと、外の市場を見て、世の中がこう変わるからこうしようと、中間層に指示を出します。現場のことをよくわかっているのは中間層です。中間層がないから、効果的なトップダウンにならない。「オマエらやれって言うけど、社長は現場のことはわかってない」とよく言われるのは中間層が欠けているからです。

「海外にはそういう制度があるけれども、日本にはないから仕方がない」ではすまされません。業務プロセスを主体的にチェックする人はいるのか、本当に必要なのか。しっかりと安定した経営を継続していくためにも、真剣に検討することが大切なのではないでしょうか。

戦略と業務プロセスとシステムの一体化を前提にしていますか

業務改革では、まず会社の業務やシステムの実態を可視化していきます。業務の実態を正しく捉えたうえで、業務プロセスを改革することにより、目に見える効果を上げることが大切なのです。

では、会社として目に見える効果、目指すべき目標とは何でしょうか。それは、戦略目標です。戦略目標と業務プロセスとを一体的に考え、さらにはＩＴシステムをどう効果的に活用するかについて検討するようにします。業務改革というのは、

・例えば、製造における生産管理プロセスといったような限られた範囲ではない

・会社として目指すべき戦略目標を達成するための活動

です。現実のビジネスは、一社だけで完結するものではありません。部品を仕入れたり、製品を納品したりといった具合に、外部の会社の業務とつながる必要があります。社内の業務とＩＴシステムがしっかりつながっても、社外とのつながりが弱ければ、せっかくの業務改革、それにともなうＩＴ投資も期待する効果を上げることはできません。

業務改革で、何をどこまで可視化すればよいかという問いに対し、戦略目標が加わることで、

・可視化するのに、すべての業務を描き出す必要はない

・戦略目標の達成を阻害する要因や課題に絞って可視化すればよい

という命題が成り立つわけです。

業務改革では、組織的側面、技術的側面に加え、企業文化の変革も重要です。旧態依然たる企業風土や過去の栄光に固執していては、ダイナミックな改革はできないからです。

これは、単に旧いしきたりなどを捨てるという意味ではなく、イノベーションという前向きなベクトルとして必要なことなのです。健全で達成感のある業務改革を推進するにあたって、常に心がけるべき指針です。

イノベーションといっても、変革や新技術といった常識的な観念を越えたものです。私たちが考えるイノベーションとは、常識を逸脱した変貌を遂げることです。イノベーションというと製品のイノベーションを考えやすいのですが、それだけではなく、

・戦略的提携によるイノベーション

・プロセスイノベーション

といったカテゴリーも含まれます。イノベーションは、机に向かっていても思いつくものではありません。大切なのは、既成概念を超えて考えることです。それが構造改革、業務改革を成し遂げる大きなパワーとなるのです。

性悪説の悪は人ではない、プロセスにあることを理解する

会社の業務を俯瞰して見たとき、プロセスが滞っていることが判明し、その範囲も特定できた。すると、それを受け持つ人が悪いということになるのでしょうか。

そうではありません。

・人を責めるのではなく、責めるべきはプロセスである

・なぜ、そういうプロセスになっているのか、そこを突っ込まないといけない

のです。この場合、性善説に立ってしまうと物事は何も進みません。悪い人ではないから大丈夫だとか、賢いあの人のことだからしっかりできているはずだとか、そういう前提に立たないようにしないといけないのです。悪い人ではないことは、わかっているわけですから。

つまり、ここでいう性善説や性悪説というのは、人ではなくプロセスのことです。俯瞰して見ると、悪いのがプロセスにあることがよく見えてきます。そういう意味では、性悪説に立って考えていかないとプロセスはよくなりません。

日本人は基本的に性善説に立ちやすく、それ以上立ち入らないでおこうとなりがちです。欧

米にはそれがまったくなく、上司も部下も割り切って考えています。ですから、仕事の手順と役割が明確で、その通りやって何かあると、私のせいではないと主張します。やり方が間違っているというわけです。

欧米では、バリューチェーンという言葉が使われます。バリューを生み出すプロセスのつながりのことです。本当にバリューを生み出しているかをモニタリングし、次にそれを測定して、悪かったら改革をしていくサイクルがぐるぐる回っているのです。

・プロセスを見ているので、まったく個人攻撃をするつもりもない
・年間の目的を達成するためには、こういうプロセスで回していくことを設計する
・このプロセスがいらないとなったら、プロセスチェーンを再設計する

のです。

日本はそれとは違い、この人たちは一人ひとりちゃんとやっているかな、という観点で見ます。それで、ちゃんとやっているということになったら、結果的によくなるはずだと考えるのです。プロセスを見ているわけではないので、結果が悪ければあの人が悪いとか人のせいにして、この仕事に向いていないというように判断しがちです。しかし、大事なことは、「人がいる、いらない」ではなく、「プロセスがいる、いらない」という視点です。そこの部分を本来はプロセスオーナーが担うのですが、日本企業にはほとんど見当たりません。また業務改革でもその視点が抜けてしまうと、本当の役割を果たしていないことになるのです。

プロセスは設計図、それをもとに議論しましょう

何事も土台となる設計図が間違っていると、ビルや家も建たなければ、動くものも動きません。期待している耐震性能を出せないことにもなります。なので、設計図をしっかり描かなくてはいけないわけです。ましてや、設計図も描かないで製品をいきなり作るなんてことはありません。

・業務改革の設計図にあたるのがプロセス図である
・具体的には、プロセスチェーン図や業務フロー図

です。製造現場では、CADで図面を描いて、製造課に設計図通りに作るように指示します。業務改革を進めたり、システムを導入するときに、可視化の基盤となるのがプロセスを明示する設計図です。もし、設計図をなおざりにするようなことがあれば正攻法とはいえないでしょう。

製造業の人たちに、この設計図の話をすると、プロセスの重要性がよく伝わります。昔は紙で描いていましたが、今は電子化しています。どうしてかと尋ねると、「次に生かすため」と

答えてくれます。プロセスの考え方は、製造業によく当てはまります。

製造業では、設計図を一から作り直すわけではありません。新製品の場合でも、母体の設計図を引っ張ってきて、一部を変更して作ります。顧客の要望に沿いながらシステムをカスタマイズするのでも、母体の設計図をもとに修正を加えていきます。

それらと、なんの変わりもないのに、設計図としてのプロセスチェーン図やフローチャートを描こうとしないのはどうしてでしょうか。プログラムを描くときには、フローチャートを描きますが、そのフローチャートがちょっとした業務フローになっていたりします。しかし、**フローチャートと業務フローは違います**。

プロセスチェーン図を描かずに、つまり定義しないで業務フローを描き始めてしまうと、不揃い、工数増、重複、漏れ、不整合、変更に弱い、流用できないといった落とし穴にはまり込みます。不揃いとは、細かすぎる、粗すぎる、作成単位がバラバラ、フロー間の整合が曖昧といったことです。

工数増により、時間をかけたわりに期待の可視化に達しないといった不都合が生じかねません。効率化のための可視化という手段自体が、非効率に陥る顛末となってしまいます。ＩＴも、設計や開発、ものづくりと同じなのですが、設計図がゆるいのは歯がゆい思いをします。プロセスは設計図であり、それをもとに議論しましょう。当たり前のことを避けないで、一つひとつ積み上げていくべきです。

プロセス視点で状況を捉えて最適化していく

日本では、プロセスというと、一般的に手順や業務フロー、システムの機能と理解されがちです。しかし、そもそもプロセスとはどういう意味なのかという、肝心なことは学校でも教わった記憶がありません。プロセス視点やプロセス志向が大切だと言っても、またプロセスが集まってバリューチェーンが生み出されると言っても、使い慣れていないのでなかなかよく理解されません。

だからこそ、業務改革で強調したいのは、プロセス視点で業務を見て、全社最適化していくことの真の理解です。

・プロセスは、部門をまたいでつながっている

・俯瞰的に捉えていくことが、個別最適に陥らないで会社をよくしていく

ことにつながります。俯瞰で物事を見るので、細かい手順を一つひとつ追うのではなくて、その手前のプロセスまで含めてちゃんと軸にして見ていきます。

プロセスという一つのまとまりの単位を定義し、それを軸にして考えないと標準化もできません。課題をしらみつぶしにする手段を考えるのではなく、顧客接点を起点として総合的にバリューを上げるようなプロセスにしようという考え方や取り組みが、会社の全体最適化にとって大切なのです。

こういう話をよく理解できる経営者もいれば、理解できない経営者もいます。何事もトップダウンで取り組みたい経営者は、つねにアンテナを張っていて、高い関心を示します。反対に、改革意欲に欠けた経営者は、プロセス視点やプロセス志向などという話題を振り向けても、残念ながらまったく関心を示しません。

ある企業の常務が「すごくわかる、わかる」と声をあげました。この会社は急成長を遂げてきた企業です。社員が３００人から５００人規模の頃は、製品の企画から設計、開発、販売、海外展開に至るまで、その常務が状況をすべて把握していました。その頃は、業務改革によるプロセス志向の企業構造の可視化や、プロセスに基づく俯瞰図や設計図などに興味を示すことはありませんでした。ところが、３０００人規模になった現在、「最近、会社の状況がよくわからない」という悩みを抱えるようになったのです。そのため、自分が采配するための設計図のようなものが経営者には必要だという私たちの提案に、その常務にはスッと入れたのです。

サラリーマン的経営者になるほど、どうしてオレがそんなことを知らないといけないんだと受け取る人が多くなります。経営者によるこの決定的な違いが、業務改革に取り組んで伸びていく会社の経営と、そうでない会社の経営の分かれ目のような気がします。

個別最適に陥ってしまうと聡明な思考ができなくなる

ある大手企業は、多数ある海外の子会社の社長たちが好き放題に放漫経営をやっていて統制がとれない状況でした。本体も経営不振に追い込まれ、放置していたら経営破たんしかねない最悪の状況にあったのです。個別最適が極まると、こうなるという悪しき例です。

ここで、この会社の凄さと賢さを実感できるのは、経営陣が死ぬか生きるかの経営決断をしたことです。多くのサラリーマン社長は、自分の代はなるべく事なかれ主義ですまそうとするのが一般的です。では、この会社の経営者は何をしたのでしょうか。

・統制を取り戻すためには標準化が不可欠という判断のもと、業務改革に取り組んだ
・トップダウンで組織の縦割りを取り払い、横串を無理やり通し、新しい役割を設定して全体最適化へと推し進めていった

のです。その結果、同社は見事によみがえりました。日本企業の業務改革のあり方として、本当に頑張ったケースだと強調したいと思います。

やはり、大手企業の例です。同社の事業構造や業務プロセスを詳細に図示した俯瞰図を私たちが作成しました。これを見た社長が「こんなに複雑な構造にしたのは私のせいだから、私の部屋の壁に貼ってくれ。どうするかは私が考える」と命じました。貼られた俯瞰図を眺めると、幹部の人たちも会社の全体像がよく見て取れ、プロセスの状況も把握できます。会社が大きくなると、今、どこのプロセスが悪いのかがつかめないで、訳がわからなくなるのです。

やはり個別最適に限界があるのではないでしょうか。業務改革を業務改革としてだけ捉えるやり方も個別最適になりがちです。個別最適でやっているから、個別にそれに対応するようなものを持ってくればフィットするだろうという思い込みも失敗しやすい要因です。よく他社の事例を安易に真似しがちですが、その会社の魂やコンセプトを読み込んで、自社に本当に適用できるかどうかを検討すべきです。

物事の基礎的な考え方を尊重し、それを軸に応用していけば個別最適を乗り越えて、全体最適へと歩みを進めていけると思います。やり方がわからなければ、知っている人に聞くというのが正攻法だと思います。社内の人の柵の中だと、聞けない事情もあるかもしれません。

企業のＩＴ部門の部長クラスの人に「業務に聞いたらいいじゃないですか」と尋ねると、それを聞いたらやぶ蛇になって「そんなことより、あれはどうしたんだ」と逆に追究されかねないと言うのです。たいがいの企業は、過去にＢＰＲ（Business Process Reengineering）を失敗した経験から、部門をまたいで業務について聞いたりするのが怖いというのが一種のトラウマになっているようですが、これを乗り越えていくしかありません。

課題を見極めないで、なぜ最初からITに飛びつくのか

業務改革への取り組みは、システム更改を契機とすることが非常に多いことからも、ITとは不可分の関係にあります。だとしても、ITに飛びつく前に自社の課題をしっかり検討することのほうが先決です。最新のITについていろいろ紹介されたりしますが、課題も見えないまま、なぜ最初から高額な費用がかかるITに目が向いたり、惑わされてしまうのでしょうか。

・どのような戦略・戦術のもとに業務改革を進めていくかを検討し、課題を見極める
・そうしてIT活用が不可欠と判断されたら、対策を考えていく

というのが当然のステップです。ほとんどの企業にプロセスを把握する責任者のプロセスオーナーが不在なので、いきなりITに飛びつくのではないでしょうか。

ITに惑わされるというと、昔、ERPシステムの販売で使われていたセールストークを思い出します。「システムを入れることが業務改革なんです」というようなことを言っていたと聞いたことがあります。当時、本当に新興宗教のようでしたが、ITにはそういう一面があることを認識すべきです。

現状のシステムを作ったＩＴベンダーは、当然、中身を熟知しているし、その仕組みについては企業より詳しかったりします。企業のお抱えになって長く入り込んでいると、いいのか悪いのかは別として、ベンダーに任せきりで、ベンダーのほうが内情に通じています。

ですから、業務改革をサポートする私たちとしては、ベンダーと組んだり、味方につけておくと、企業にいろいろ聞くより早い。現状について企業に聞かなければいけないことも、ある程度ベンダーから教えてもらうこともできますし。逆にベンダーに対して、こうやったほうが企業の評価は上がるのではないかとアドバイスもします。他方で、企業にはあのベンダーとはこう付き合うとよいのではと話す。お互いうまくマッチすれば、より関係が円滑になります。

基本的には、目的をちゃんと理解して共有するという対応の仕方においては、企業に対してもベンダーに対しても同じです。ただベンダーと企業の間で、目的や相手の立場の理解について、当たり前の正攻法や原点を忘れて対応すると、すれ違いが生じます。

ＩＴのプロだからＩＴベンダーに任せておけばいいとか、ＩＴがわかっていれば業務もわかるだろうとか、企業は勝手な思い込みをしないようにするべきです。ベンダー側も、企業が言ったことしか行ってはいけないんだとか、変な勘違いをしないようにしましょう。そうしないと、本来の目的を見失う中で「私、何をすればいいんでしょう？」みたいな御用聞きになってしまうからです。やはり、企業もハッピーで、ベンダーもハッピーで、サポートする側の私たちもハッピーという関係を築いていくと、企業のＩＴ理解もより深まっていくと思います。

IT投資をしなくても よいかどうかを真剣に検討する

業務改革において、とくにシステム更改について企業の担当者は次のような悩みを抱えることが多くあります。

・投資対効果をシビアに問われるが、トップに明確に説明できない
・もともとアウトソーシングしていたので、自社システムをわかるメンバーがいない
・システムをスリムにしたいが、どこから手を付けてよいのかわからない
・ドキュメントが信用できないのでシステムに手を付けるのが怖いなど

いろいろ課題もあるでしょうが、忘れてはいけない大切なことは、

・ヒューマンオペレーションとシステムオペレーションの両方について、業務プロセス志向で考える
・ヒューマンオペレーションも意識して、業務プロセスのチェーンを可視化する

ということです。

ERPパッケージの導入を検討しているシステム部門の責任者から、こんな質問を受けたこ

とがあります。「当社が頼んでいるITベンダーから、ERPパッケージ導入後の営業業務はこうなると、新業務フロー図を渡されました。そしてERPに適しているかどうかというヒット率が80％だというのです。私は以前10年以上営業畑にいたので、営業の業務のことはよくわかるつもりですが、この業務フロー図の内容がさっぱりわからない。そのうえ、どうして80％になるのか不明です。これはどういうことですか？」。

そこで私は、「ここに描いてあるのは、システムを使っているフロー図です。ヒューマンオペレーションが抜けているから、わからないのです」と即答してから、こう質問しました。「あなたが営業マンだったころ、一日のうち何割くらいシステムを使っていましたか。30％くらいですか？」。少し多めに言いました。そうしたら、「いや、20％くらいだな」との返答です。

そこで、次のように説明しました。「そうですよね。渡された新業務フローは、その20％のことを示しているのですよ。ヒット率80％というのは、その20％の業務のうち、80％がヒットしていると言っているのです。仕事全体で考えると、20％のうちの80％だから、84％はここに描かれていません。残りの84％を含めて定義する必要があるのです」。

それに対し、「ああ、そういうことか！」と納得していました。20％のことに何億円も投資するわけですが、他にも手作業や、システムに直接関わらないプロセスもあるわけです。それを見逃したまま、システムを入れていいのかどうか。IT投資をしなくても業務改革できるのではないかどうかを考えるのが正攻法のアプローチだと思います。（図4）

ありがちな顛末

正攻法アプローチを使えば・・・

図 4　BPM アプローチで効果あるシステム導入を

しっかりとプロセス設計してからシステム化を考えるのが正攻法

業務改革を支援する立場の私たちの考え方がプロセス志向であるに対し、システムを売るITベンダー側はプロダクト志向の傾向があります。

プロセス志向で、システム導入を考えると次のようになります。

・現状がこういうプロセスである→
・システムが必要か、ルールを変えればすむのかを考える→
・これをこういうプロセスに変えることによって、こういう効果が出る→
・そこでシステムが本当に必要だったら入れる

こういう流れが基本だと思います。しかし、ITベンダーは自社のシステムを売るためにどうするかから考えるので、アプローチが180度変わってきます。プロダクト志向であり、システムを作って売ることが仕事なので、その立場はよくわかります。

とはいえ、そこにすべての答えがあるわけではなく、業務改革を進めるにあたっては、基本の流れの観点から考えていかないといけません。そのうえで、システムを入れることがよいときもあるし、入れない選択が正解の場合もあるのです。ですから、プロセス志向の立場から、プロダクト志向をすべて否定するわけではありません。

よくある例で、顧客企業が「こんなケースもある、こんなケースもある……」と並べ立てるのを、ベンダーは鵜呑みにして全部作ろうとします。ベンダーとしてはうれしいかもしれませんが、企業をサポートする側の私たちは次のように企業側に提案します。

「そんな個別の要件が本当に必要ですか。もうちょっと標準化して、これをもし共通化できたら、将来的にもシンプルだし、余計なものを作らないですみます」

ベンダーに対しては、いくつも開発するのは一時の売上になるかもしれないけど、1本に集約してもっと汎用的な機能にするほうが、その後の保守も考えたら楽なのではないかと提案します。当然、ベンダーは売上が下がるので嫌がります。結局、企業の判断次第なのですが、標準化してプロセスをしっかりシンプルにしてから、システムを導入したほうがよいという正攻法を守って欲しいと強く思います。

プロセスを設計する側としては、ツールをうまく使えるように設計して企業が納得すれば、あとはベンダーとの交渉になります。企業に無理をさせない、ベンダーにも無理をさせないような設計を心がけます。そして、システムを導入してから、あとでＳＩｅｒがシステムインテグレーションで苦労しないように、プロセスやファンクション機能をうまく設計するのが基本となります。

実態をリアルに捉え、現場の苦労を可視化する

自社が現在、どのような問題を抱え、どう改めなければならないか。それがよくわからないまま、業務改革に取り組んでも、その成果に満足どころかコンセンサスが取れるでしょうか。プロジェクトチームのメンバーどうしで現状認識がバラバラ、共通の土台もない。これでは、前向きに活発に話し合いをすることさえできません。

そこで、業務プロセスがどういう状況にあるのか、できるだけリアルに捉える。その現状を誰もが見えるように可視化する。そうして、実態を明確にする必要があります。可視化にあたっては、何のための可視化なのか、よく理解しましょう。

目に見えていることだけの可視化なら、写真やビデオを撮ればすむ話ではないでしょうか。目に見えない問題を可視化することに意味があります。問題点を主体的に捉え、客観的に見る目が必要です。目的を確認し、阻害する現状業務を可視化し、本質的要因を見極めるようにします。ハイレベルで俯瞰的なスタンスから整然と系統立てながら、詳細なレベルに至るまで可視化する。これがポイントです。

・今やっていることだけを可視化すればよいわけではない
・その仕事の前後のつながりを客観的に捉える
・因果関係、階層関係、重要度、関係者の存在までを明らかにする

ことが大切です。

ですから、リアルな実態を見通す眼力が業務改革推進チームに求められます。リアルな実態というのは、目に見えている場面だけではなく、目に見えない人の考えや想いまでを含みます。そこまで見通せて、初めて自社の実態を捉えたといえるのではないでしょうか。

プロジェクトチームの担当者は、評論家のように他人事ですませてはいけないのです。現場に自分を置いて、自分が作業しているつもりになって実態を理解するように努めましょう。そうすると現場の苦労、汗と涙が滲んでくるような可視化になります。

問題の在りかとして「情報共有化がなされていない」とか「人手に依存している」などとよく指摘されがちです。しかし、本当は情報共有や人手というのは局所的なことかもしれません。そんなことにこだわる必要もなく、別に情報共有されてなくてよいこともあるでしょうし、人手でもいいケースもあります。

もっと大切なのは、情報共有がなされないことで、会社のどこに、どのような悪さ加減がどれくらい発生しているのか、それは情報共有がなされることで本当に解決する話なのか、といった眼力をもって、自社の実態を捉えることです。

何がボトルネックなのか？埋蔵金を発掘しよう

業務改革＝社内の「埋蔵金」探し。埋蔵金とは、私たちのネーミングです。業務改革が埋蔵金探しと同じというのはどういうことか？ そもそも業務改革とは、第一にバリューチェーン上のムダなプロセスを見直し、ボトルネックになっている原因を排除する活動です。プロセスをよくすると、ルートを新設したりして、売上や利益の向上を図り、新たなビジネスチャンスを獲得できます。

ですから、業務改革推進は経営に必要不可欠なのであり、社内に埋もれたムダなコストや、売上機会損失を見つけ出すわけですから、埋蔵金探しといえるのです。つまり業務改革は、

・決してコストセンター的な活動ではなく、プロフィットセンター活動である

・業革推進リーダーは、売上や利益に貢献するプロフィットセンター長としての重責を担う

ということになります。そうすると、業務改革の第1ステップは埋蔵金の在りかを探して、それを特定することから始まります。とはいえ、プロジェクトチームがまず各部の責任者に相談すると、返ってくる答えは大体決まっています。それは「うちの部は、尽くす手はすべてし尽

くしているから、改善の余地はないよ」です。

その言い分は、私たちも正しいと思います。

なぜなら、部門内の業務改善は各部門長の責務であり、もし改善点が見つかれば、それは部門長の職務怠慢とみなされるからです。何度も繰り返されている業務は、部門長だけでなく、マネージャー以下実務担当者が自らよりよい手順を考えて実行しているはずです。

つまり、すでに採掘し尽くされている。ですから、各部門内の業務をどんなに丁寧にトレースしても、埋蔵金は見つかりません。見つかったとしても小判数枚程度。しかし見落としがあります。じつは、埋蔵金が眠っている金脈があるのです。その金脈はどこで見つかるのか。

・金脈はバリューチェーン上の部門間や会社間にある

・組織の間に埋蔵金が隠されているので金脈といえる

部門間や会社間こそ、手付かずの金脈であり、埋蔵金を掘り当てることのできる採掘現場となるのです。目を凝らして、埋蔵金の在りかを特定することに全力をあげましょう。

各部門がそれぞれの責務を全うすれば、それが全体最適につながると思いがちです。しかし、改善し尽くされていたと思っていた業務プロセスも、バリューチェーン全体の視点で見ると、決して最適ではないということが往々にしてあるのです。そして、大切なのは、各部門が前後のプロセスのエラーやイレギュラー、ましてやイリーガルに対応できるプロセスにしないこと。それらが発生しないようにバリューチェーンを見直すようにします。（図5）

(×)埋蔵金を見逃す業務フローの描き方

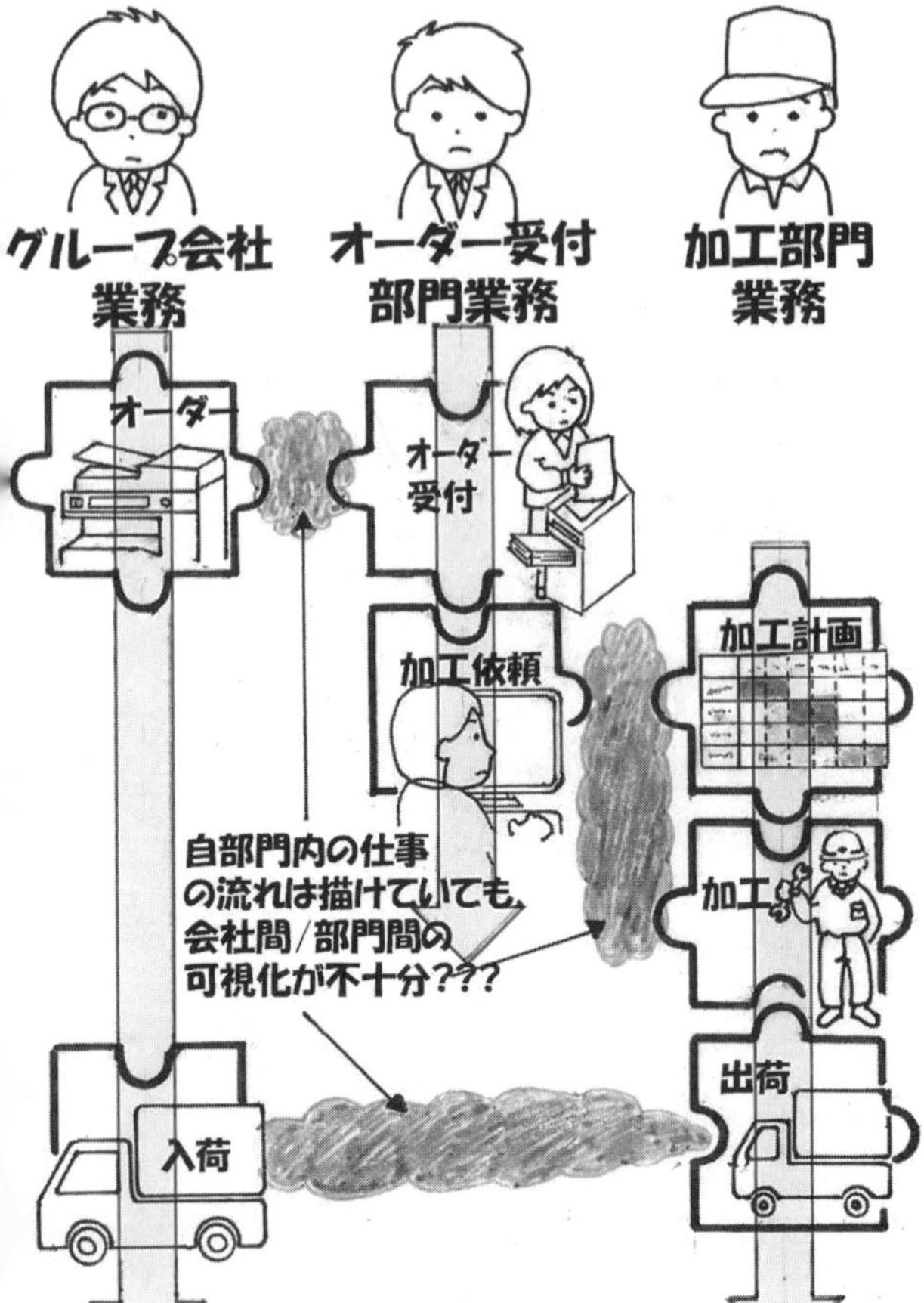

図５　埋蔵金発掘の定石

（◎）金脈は、"部門間・会社間"の仕事の接合にあり！
接合部の"澱み"を捉えられれば、埋蔵金発見は目の前。

第4章

正攻法の業務改革手順

責任を与えられたプロジェクトリーダーは悩む必要なし

業務改革を効果的に進めていくには、まず業務プロセスをベースとして、一連の流れの中から生じている問題を突き止めていく。ここが肝心なところです。業革推進チームが経営と業務とシステムとをつなぐ架け橋となるように努めます。

難しい問題解決を図っていく先頭に立つリーダーが責任を抱え、いろいろな悩みを抱える中で代表的なものを3つあげましょう。

（1）経営層から自分たちで取り組んで、短期間で効果を出せと求められているが、どこから手を付けてよいのかわからない

（2）どの業務部署に聞いても、もう改善はやり尽くしていると切り返される

（3）業務の実務担当者が忙しすぎて、ヒアリングの時間を取ってもらえない

こうした状況下で、リーダーは、「うちの会社は特殊で、忙しすぎるから」と悩みをふくらませがちですが、悩む必要はありません。じつは、その特殊かもしれない縦割り組織の部署間やグループ会社間に、必ず改善の余地があるのです。その部分に業務プロセスを停滞させ、遅延させる要因（私たちは埋蔵金と呼んでいます）が隠されていることが多いのです。

まず業務プロセスを確認し、組織や役割ごとにレーンを切って、仕事が流れる間を狙うといった視点で分析していきます。現場の実務担当者のヒアリングでは、最初に業務の目的・目標を聞いて、それを阻害する要因はどこにあるのだろうと探していきます。

忙しくて話を聞いてくれないのであれば、「楽勝なわけですね?」と、ちょっとはぐらかしてみましょう。「そんなわけないだろう」と少しでも重い口を開け始めたらしめたものです。

改革でどこから手を付けていくか、何から始めていいか、どういう手順でやっていいかというのがわからないと、すぐお茶を濁してしまいがちです。社内であっちでもこっちでも業務改革を行っている状態では、手法がバラバラだったりします。

なんとなくその場しのぎで、狭い範囲の対症療法で終わってしまいかねませんので注意が必要です。プロセスという一つの軸を通して考えていくとよいでしょう。業務改革の取り組みにおける主な目標は次の通りです。

（1）ビジネス全体の商流・物流・金の流れを可視化することを明確にする

（2）業務フローは、人とシステムのオペレーションの両方を描く

（3）最適なプロセスになっているかどうかをよく見直す。ここが最重要ポイント。見直すのはムダや煩雑なデータ処理をしていないかどうかという点

（4）業務とシステムの関係を可視化する。それぞれの項目に重複がないかどうかを見直す

リーダーの権限確認とプロジェクトの進め方

改善し尽くされていたと思っていた業務プロセス。ところが、会社全体で考えると最適ではない、ということが往々にしてあるので要注意です。それはやはり、縦割り組織の各部門に権限と責任が振り分けられているためです。例えば、営業部は受注ノルマを達成する責務があり、営業活動を行い、社内に必要な手配を掛ける。製造部は欠品しないように、余剰在庫にならないように、納期を守れるように製造計画を立て、実行する責務があります。

資材部は調達計画に基づき、購入費を低減する責務があります。そうすると一見、各部門がそれぞれの責務を全うすれば業務が最適になると思ってしまう。しかし、そこに見落としがあるのです。部門間や会社間こそ、手付かずの問題箇所（金脈）です。ここが特定されたボトルネック（埋蔵金）を掘り当てることのできる採掘現場となるのです。

では、埋蔵金探しのポイントは何か。

(1) リーダーの権限確認

プロジェクトリーダーは、これまで各部門の責任範囲のはざまとなり、手が付けられていいなかった谷間に入り込んでいくわけです。ですから、各部門から協力を得られ、決定事項を各部門長へ指示できる権限を与えられなければならない。これは必須条件です。

(2) ツールの準備

金脈を掘るために人手を要するとなると、心配なのは各部署からの反発。ならばスコップを使うより、それなりの専用ツール、ソフトを利用することを検討しましょう。

(3) 範囲の選択

すべての箇所を一気に掘り起こそうとあせってはダメ。効率的ではないので、範囲を決めます。まずは、埋蔵金が眠っていそうな事業（ビジネスチェーン）を1本選択します。

(4) 進め方と体制

選択した事業に対し、以下の事項を10日間で進めます。

①経営戦略の再確認と経営戦略にのっとったプロジェクト目標の設定。

②ビジネスチェーン（事業）の大枠を作成。

③②をたたき台にして、部門ごとにマネージャーと実務担当者の2名を対象に、1回2時間のヒアリングをする。この際、現状のビジネスの流れを部門間のプロセスの関係を意識しながら、各部担当の生の声である課題とともに可視化していく。これを1部門当たり最低2回、必要に応じて3~4回繰り返す。

④ある程度課題が抽出された時点で、その主要因を見極め、対策を検討。

チームで自由に発言できる環境づくりに導く

現状調査におけるヒアリングについて、プロジェクトチームは、そのつど総括を行うことが必要です。ヒアリングすること、ヒアリングしたことが矛盾なくつながっていることを全員で確認します。何より、自分たちがつながっていることを意識しましょう。

大切なのは、お互いに食い違いが生じないようにし、依頼や指示レベルなど、どのようなことでも確認します。そうして、自分たちの考えをそれぞれ自由に発言できる環境づくりに導いていくようにしましょう。ヒアリングに際しては、次のことを全員で厳守すべきです。

（1）納得するまでよく聞いて必ず確認する

一方的に聞いて、理解した気にならないように注意し、不明な点はその場で確認しましょう。知ったかぶりや思い込みではなく、現実を目の当たりにするようにします。

（2）ヒアリングする相手は、実際にオペレーションしている人とマネージャーが同席する

ヒアリングする実務担当者は派遣社員、バイトにこだわりませんが、マネージャーと同席してもらいます。マネージャーは実務の意味、位置づけを知っている人ですが、オペレーターの苦労を知らないことが多く、両者のギャップから改革のヒントが見いだせることがよくあります。

(3) ヒアリングした結果は、図や文章で見やすいようにする

Ａ４判の定型に限らず、理解しやすさを優先しましょう。日々成果物としてその日のうちにできるだけ配布します。

(4) リーダーや幹部は、途中途中で極力同席する

最初と最後（キックオフと報告会）だけ出ればよいと勘違いしないようにしましょう。「わかっているから今日は出ない」はご法度です。

(5) 中間レビューを実施する

以上のことが守られないと、どういう問題が生じるでしょうか。次のようなことが起きてしまいがちです。

①後から、「そういう意味ではない」「そんなこと言っていない」となります。
②後になって、マネージャーから「誰がそんなこと言ったんだ」とか「そんなはずはない」となります。
③後になって、ヒアリングしたメンバーから「これどういう意味だった？」とか「初めて見る内容だ」と言われたりします。
④後になって、経緯や真意を最初から説明することになります。
⑤最終に行う報告会のときに、「そんなこと言っていない」「知らない」となります。

これが業務改革の基本サイクル

142ページに示す図6が業務改革の基本サイクルです。業務改革は一過性のものではなく、成果を引き継ぎながら継続的に実施されるべきものです。継続的業務改革が必要なのであり、大切なのはスピード感です。

以前は半年くらいかけて現状の業務フローを描いていた時代もありましたが、今は3ヵ月で成果にたどりつき、具体的方向性が示せなければ負け組みとなる時代です。

業務改革の大まかな基本サイクルは次のとおりです。

〈フェーズ1〉As Is

①全社戦略の明確化

②プロジェクト方針の明確化

③現状プロセスの可視化

④投資効果を見据えた課題解決方針の提案

〈フェーズ2〉To Be

⑤新プロセス方針の策定
⑥現業部門・幹部との擦り合わせによる新プロセス定義
⑦残課題整理
⑧新業務方針・新システム化方針・期待効果の明示

フェーズ1では、まず現状を的確に捉えます。目的・目標、業務実態を正しく捉えないで、原因・対策を練ることはできません。全社戦略とプロジェクト方針の明確化、現状プロセスの可視化と課題抽出、投資効果を見据えた課題解決方針提案の手順で進めます。

幹部レベルへのヒアリングにより、中期計画レベルの方針・目標を確認。その中で、解決すべき範囲と目標値を設定。短期間で投資収益率を達成するようにプロジェクト方針を立てます。現状を会社間の取引関係からオペレーションレベルまで可視化。次に抽出した課題に対して解決方針と投資見通しを立てます。

フェーズ2では、新業務プロセスの定義を行います。ITだけでなく、ヒューマン系も含め、実運用を想定し、対策の実装を図ります。プロセス設計では、現状分析に基づいて、経営と業務とシステムの関係を明らかにした企業構造の可視化モデルを作り上げます。(図7)

このモデルは継続的業務改革の基盤となるもの。実装後は業務実行管理、モニタリング、評価・改善提案を実施。具現化の後、設計当初にもくろんだ効果が達成されているか、新たなボトルネックが発生していないか、プロセスのパフォーマンスを監視し、改善の先手を打ちます。

図6　正攻法の現状可視化

図７　正攻法の新プロセス設計

埋蔵金を発見するための重要ステップ

埋蔵金（ボトルネック）を発掘するためのポイントをまとめておきます。

(1) 工数（業務量）半減

どんなにたくさん仕事を抱えている人でも、平均的に忙しいわけではありません。ある仕事に忙しさが偏っているはず。それを半減すれば、全体量も半減に近づけることができます。

(2) 業務実態は5W2Hで捉える

2Hは、「Ｈｏｗ ｍｕｃｈ」と「ＨｏＷ ｍａｎｙ」で、量を把握します。「Ｈｏｗ ｔｏ」は入っていません。どうやるかより、何のためにやっているかというＷｈｙのほうが重要です。

(3) 目的・目標を曖昧にしない

むやみに業務フローを描いても、何の問題も原因も見つかりません。「とりあえず描いてみる」は、それ自体がムダな作業です。業務フローを描く前は、必ず、全社戦略（事業計画）の目標と目標値を確認し、その中で、業務改革活動の位置付けと目標を明確にすること。業務フローは、その目的・目標を阻害する要因となるプロセスをあぶり出すように作成します。

(4) 金脈を掘る

「業務は、担当者に聞け!」と言われます。そうだとしても、担当者に個別に業務フローを描かせても問題は見つかりません。不明確と曖昧の宝庫は、会社間・部門間・担当者間です。ここを突いて、プロセスのつながりを途切れることなく描いて可視化しましょう。すると隠れた問題(金脈)を見つけることができます。

(5) できていないことを見えるようにするのが可視化

現状業務だけを聞いて、可視化するのでは意味がありません。10人に聞いて、10人が同じことを言うことは掘り下げません。逆に、10人が別々のことを言うことは、追求します。さらには、1人もできていないこと、誰も気づいていないことこそ強調して可視化するのです。

(6) 見えない問題を明確化する

見えない問題を明確にするには、以下の観点で考え、可視化します。

①コア業務でありながら、人手ではすでに限界にきている問題はないか
②プロセス・ルールが不明確なことにより、業務の停滞や悪化の要因となる問題はないか
③自部門本来の業務ではなく、代行業務を担っていることによる問題はないか
④人を介した部門間の連携が限界にきている問題はないか
⑤個人スキルの依存度が高いことによる問題はないか
⑥現行の慣習・実態を打破すべき問題はないか

問題点をあぶり出すヒアリングのコツとは？

業務改革は、ヒアリングする現場の実務担当者も納得する、地に足の着いたものでなければならないのは当然です。だからこそ、埋蔵金（ボトルネック）発掘のために、実務担当者から他部門と関わるプロセスをどのように処理しているのかを重点的にヒアリングします。

ヒアリングには、マネージャーの同席が必要です。なぜなら、実務担当者が他部門とのやり取りをきちんと認識しながら、日常的に業務を行っているわけではないからです。マネージャーが両者の関係を間違いないように交通整理する必要があるのです。

ヒアリングされる側は、もしかしたら業務の間違いを指摘されるのではないかと不安に思うものです。そのため、スムーズに仕事が流れるために他の部門に対する要望や、ふだん感じていることを聞いて改善を図りたいという趣旨をはっきり伝えることが必要です。

私たちがヒアリングのときにユーザーに来てもらうと、大体の人が「被告席はここですか？」と言いますので、「別に監査じゃありません。みなさんの悪いところを見つけるんじゃないですよ」と、私たちは答えています。「今のルールに従って仕事をしているわけですが、もうちょっと目線を広げて見てみると、あっちをあのように変えてもらえればいいのにと思うこともあるはずです」とか言いながら聞き出していきます。ポイントは、次の2点。

（1）ルール通りにやっている人たちに「何で困っていますか」「何が問題ですか」と聞いても、とくにそれほど困っていなければ「何の問題もありません」のひと言ですまされてしまう

（2）わざと「今の仕事、楽勝ですね。問題ないですよね。じゃ次いきましょう」と言うと、「私たちがこんなに忙しいのはちょっと理由がある」と、あわてて話し出す

「ただ遅れるだけです」と答えたりすれば、「いやいや遅れるのが問題なんですよ。どうして遅れるんですか」と、ここぞとばかりに理由を探らないといけません。

ヒアリングしていて興味深いのは、プロパーの社員の人たちは「私の仕事がなくなっちゃうから」と、口をつぐむことが多いのに対し、派遣社員の人たちはしがらみがないので口をつぐむようなことは意外にありません。「あそこでああやれば、私、これをやる必要ないですよね。やる必要がないけど、やってるんですよ」などと平気で言ってくれます。

派遣社員の人たちは、社内事情について、じつによく知っています。「上の人たちは、大変だろうが何だろうが、お願いすればちゃんとやってくれる」などを教えてくれたりします。そんなふうに見ているから、あまり痛みは感じていないのです。間接部門のいろいろな業務は、今はプロパーの社員ではなくて派遣社員の人たちにお願いしている会社が多くなっていますので、とても重要な情報源です。

可視化の手順と必要不可欠なモデル図とは

いざ業務を可視化しようとしたとき、どこから描き始めていいか、どこから手を付ければいいか迷うもの。この業務についてよく知っているからといって、じゃあ業務フローは簡単に描けるかというと、そう簡単ではありません。私たちは、「たかが業務フロー、されど業務フロー」だと思っています。

目的を持って業務フローを描くのに、その業務フローが的確でなかったら、その先の目的到達はスタート時点で間違ってしまうことになります。そんなことがないようにしないといけません。業務フローを描くときは次の手順を必ず守りましょう。

（1）手順とモデル図

①事業を捉える：成果の規模・範囲を決めるために必要不可欠＝**「事業構造図」**（図8）

②目標を捉える：業務フローの記述範囲・細かさを判断するために必要不可欠＝**「目標図」**（図9）

③対象となる取引関係の大枠を捉える：社外との関係（商流）を漏れなく捉えるために必要

不可欠＝「**取引関係図**」（**図10**）

④取引関係図上のプロセスチェーンを捉える：伝票、証憑、データ、物、お金といった物理的な入出力媒体がつながる先である業務プロセスを漏れなく捉えるために必要不可欠＝「**プロセスチェーン図**」（**図11**）

⑤業務プロセスの内容と課題を捉える：目標達成を阻害する要因や事象を捉えるために必要不可欠＝「**業務フロー図**」（**図12**）

（2）モデル図の表記に用いるシンボルを使用する

（3）モデリングと問題解決（目標達成）の基本的な進め方

右記の手順で各図を作成（モデリング）しながら、次のステップを繰り返して（**図13**）、問題解決に導きます。

①企業が目指す目的・目標（指標値）・成果と取り巻く環境・背景の確認

②ＱｕｉｃｋＷｉｎを基本にスコーピング（範囲設定）する　※Quick Winとは、ITIL®が推奨する短期間で確実な効果回収を実現する企業活動のこと

③業務の流れを「商流・物流・お金の流れ」とともに俯瞰し、目標達成を阻害するボトルネックを捉える

④ボトルネックを発生させる原因を掘り起こす（**図14**）

⑤誰もが納得する解決方針を導く（**図15**）

図8　事業構造図

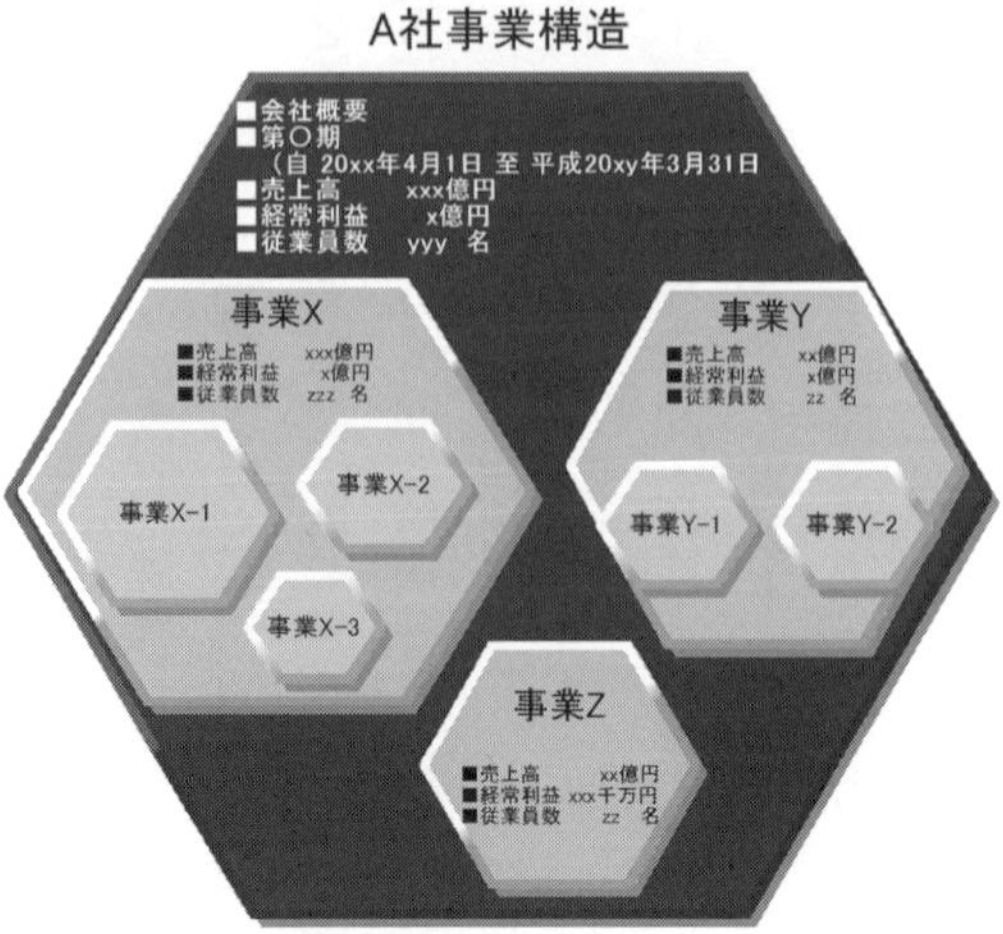

図9　目標図

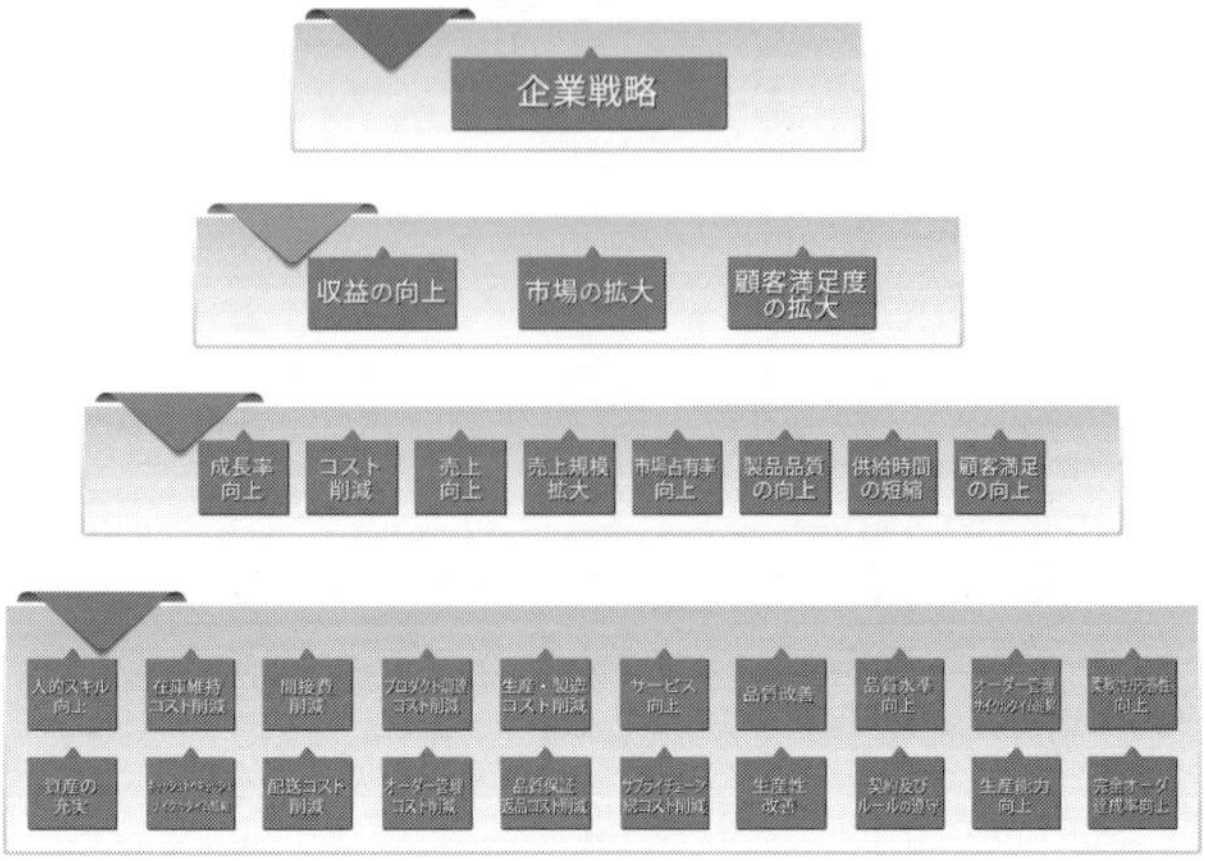

※ SCC（サプライ・チェーン・カウンシル）が作成した SCOR（Supply Chain Operation Reference model）モデルより、一部加筆修正

図10　取引関係図

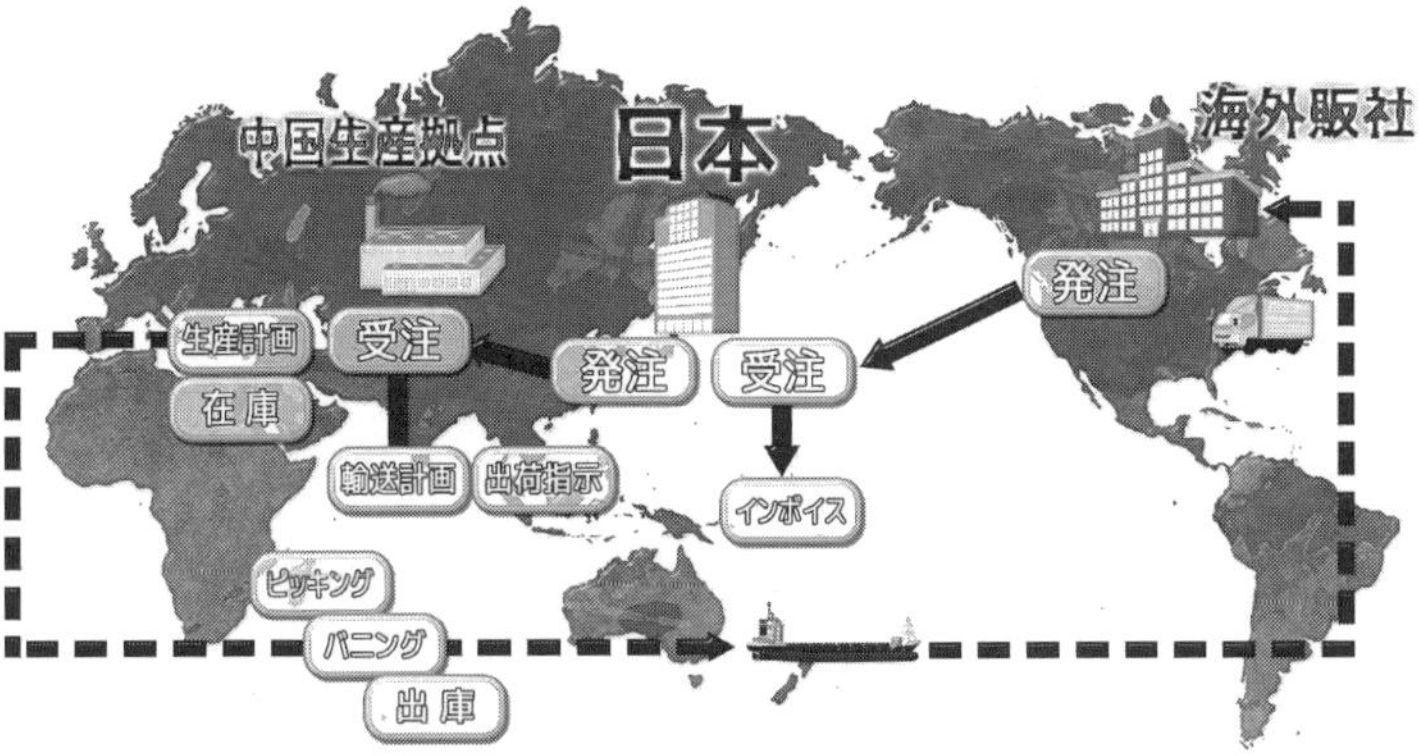
中国生産拠点
日本
海外販社
発注
生産計画
受注
発注
受注
在庫
輸送計画
出荷指示
インボイス
ピッキング
バニング
出庫

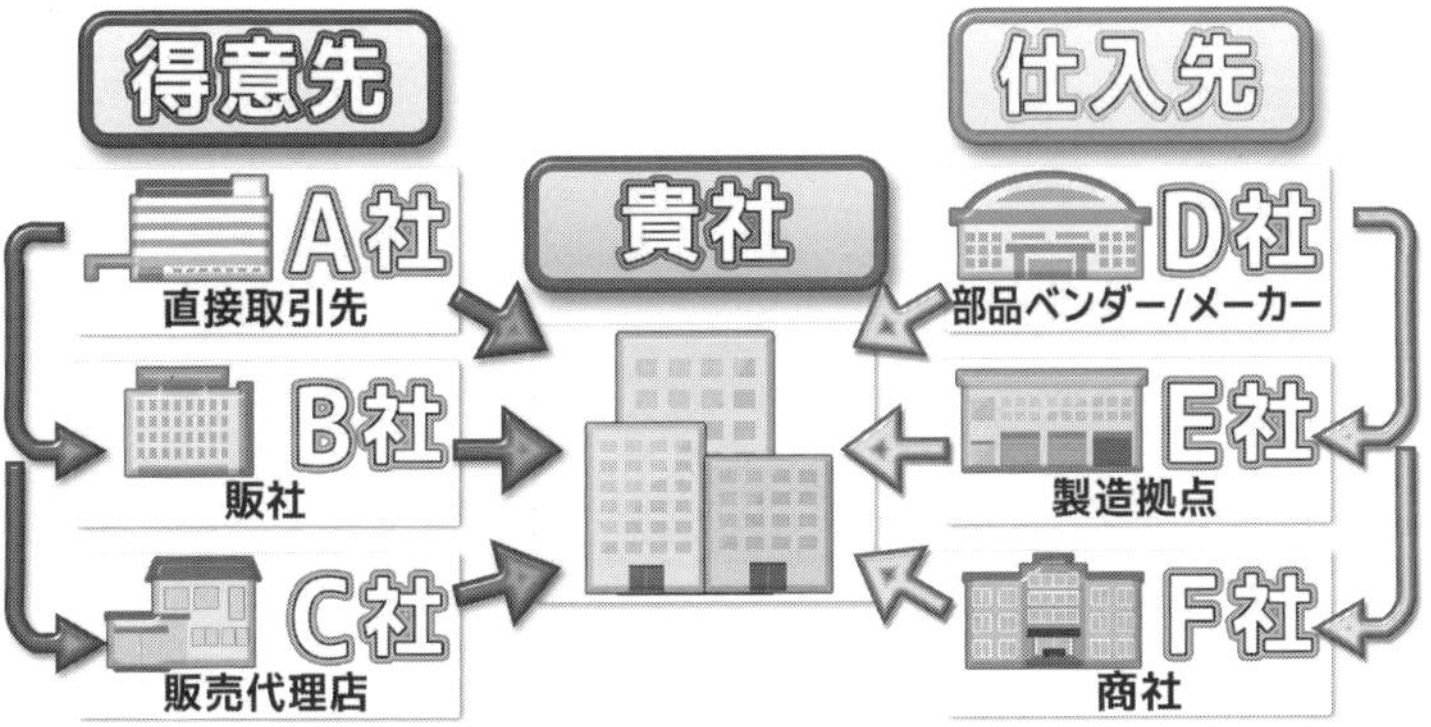
得意先
仕入先
貴社
A社
直接取引先
B社
販社
C社
販売代理店
D社
部品ベンダー/メーカー
E社
製造拠点
F社
商社

図 11　プロセスチェーン図

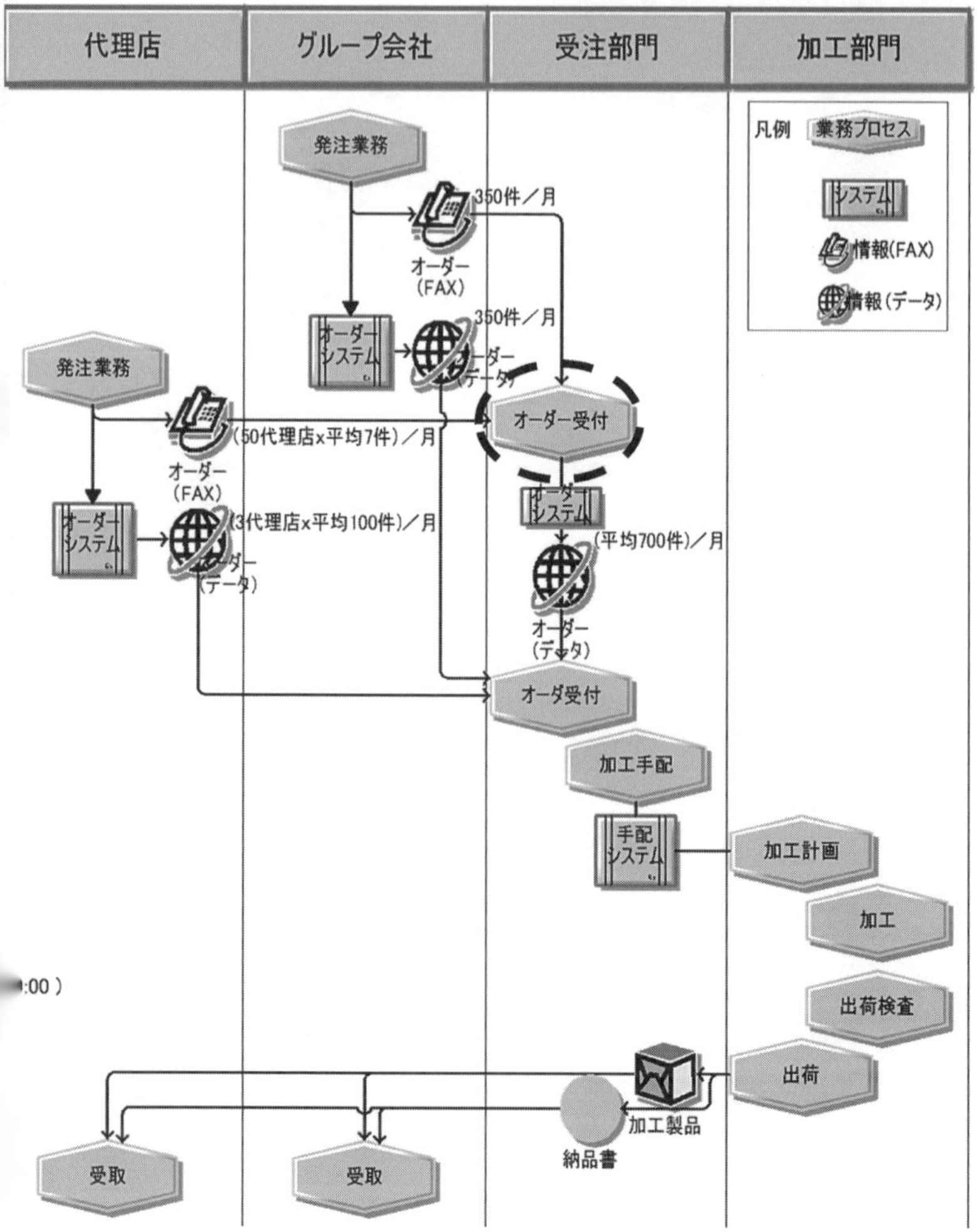

:00)

図 12　図 11（　　）内の業務フロー図（EPC 記法）

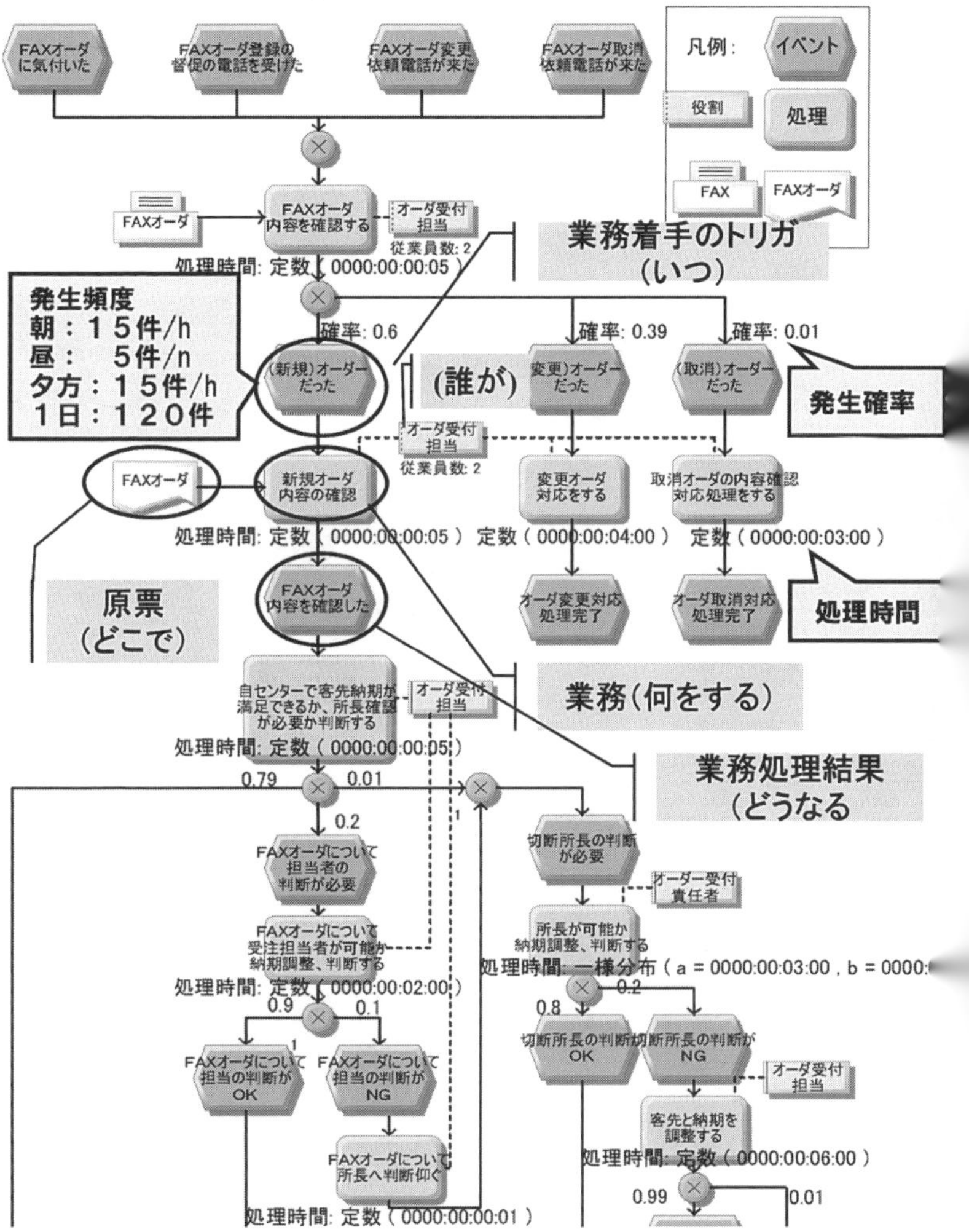

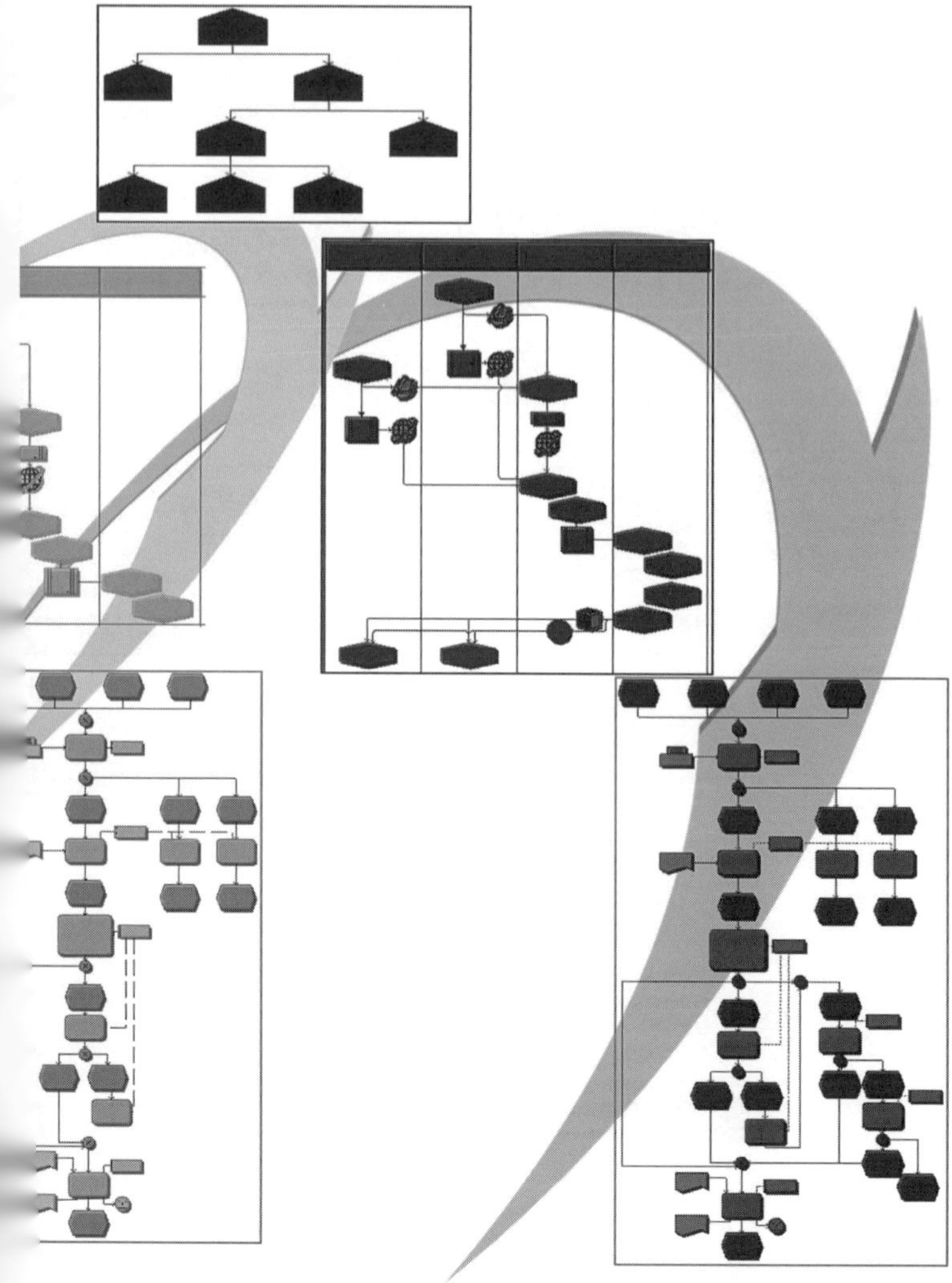

図 13　階層化して、繰り返しながらプロセスを可視化

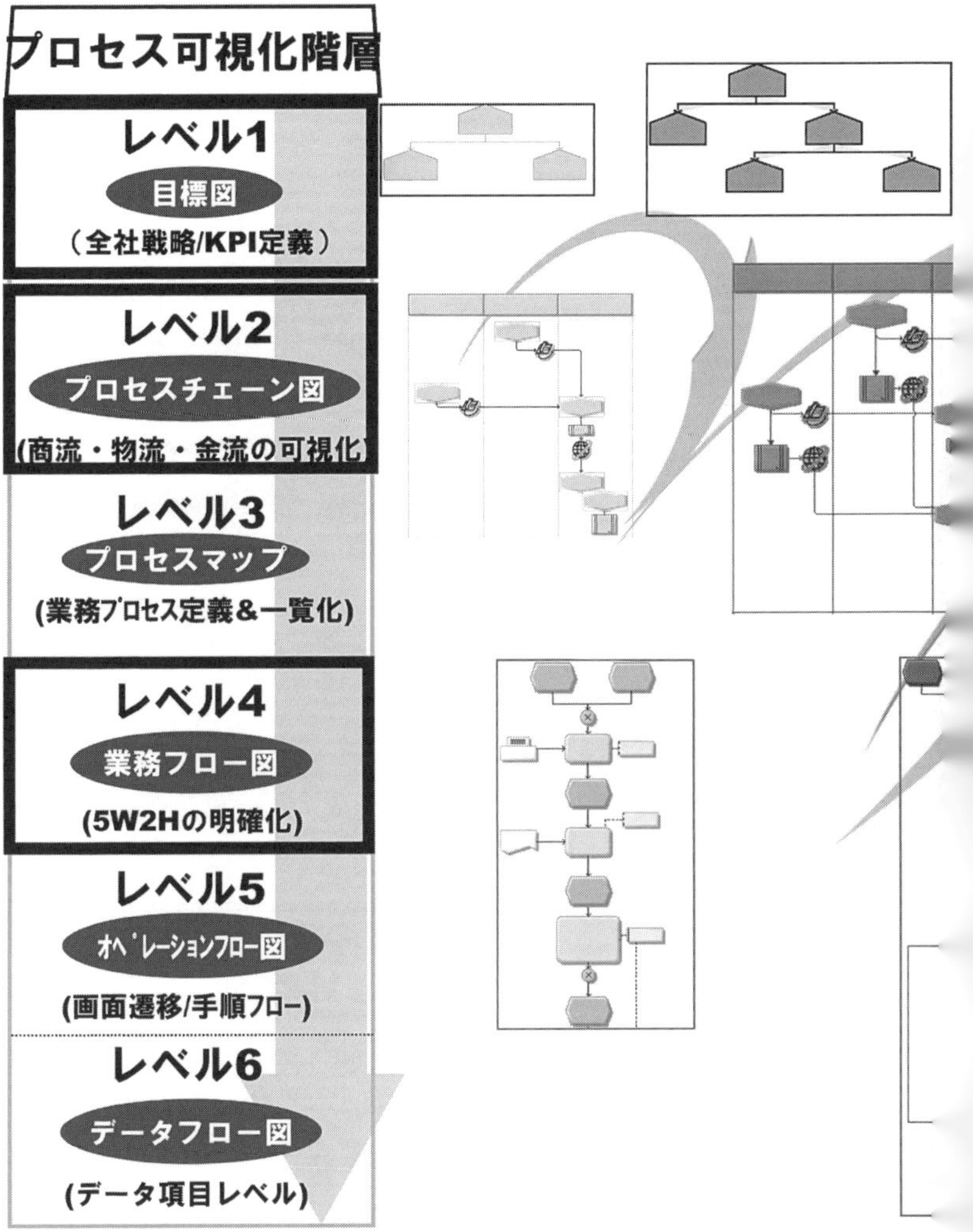

図 14　課題分類の観点

（コア業務でありながら）
人手ではすでに限界の問題
プロセス／ルールが不明確
なことによる問題
自部門本来の業務でない
認識の仕事に時間が掛かっ
ている問題
人を介した業務の限界
個人スキルに依存し
過ぎている問題
現行の慣習／文化
を打破すべき問題

図 15　正攻法の新業務定義ノウハウ

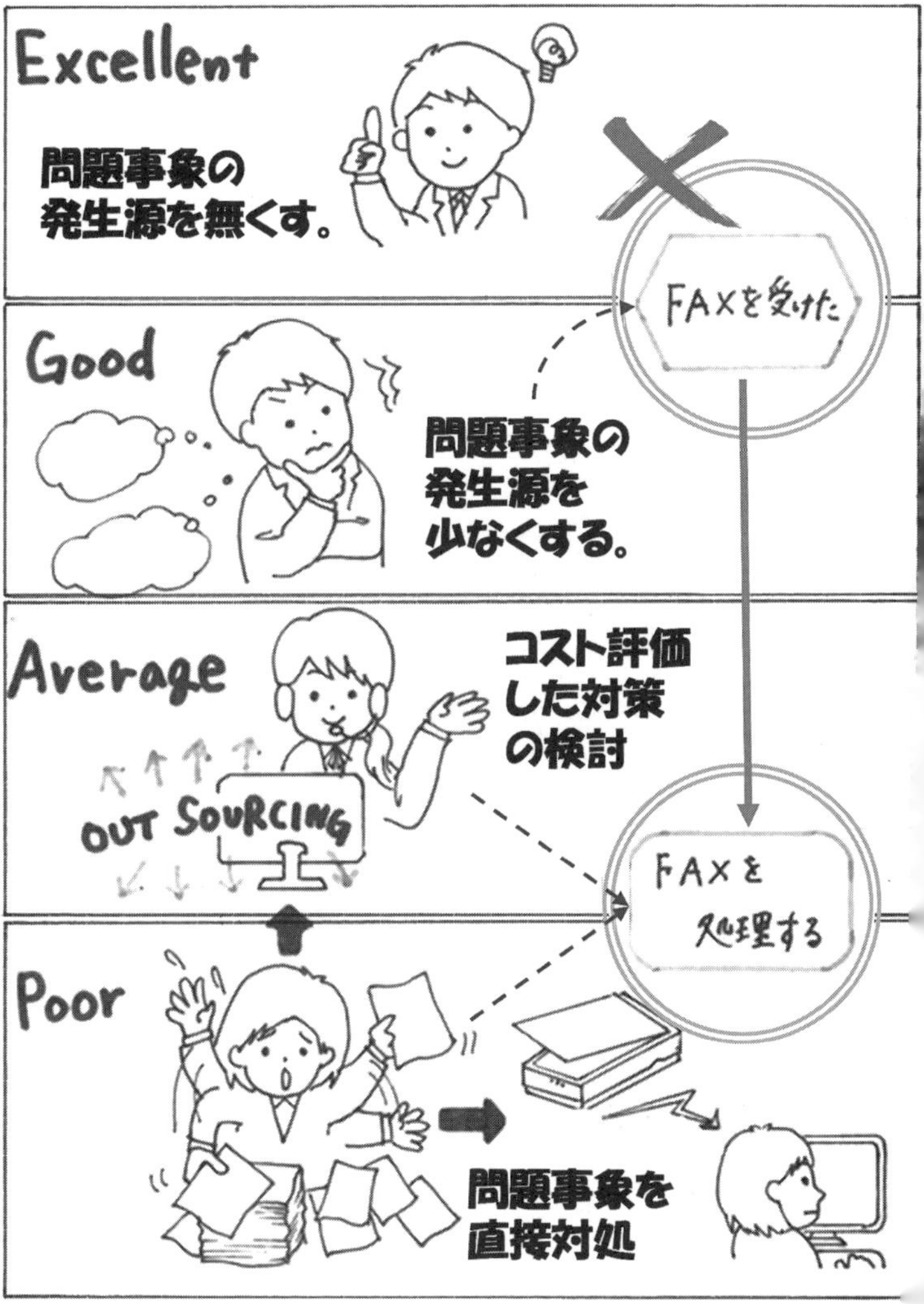

目的を明確にしてから可視化する

（1）目的が曖昧だと可視化しても失敗する

可視化がなぜ大切か。可視化しないと合意が得られないからです。言葉だけで話しているだけで、「わかった、わかった」と言っても、絶対わかっていないのです。

1回発注していながら、次の部署に聞くとまた発注していて、発注を2回していたりする。二重発注ですが、この部分はもしかしたら発注依頼をしているのかもしれません。可視化しないとわからないのです。

何を可視化するか、どこを可視化するか、その目的が重要です。目的を曖昧にして必要のないところを可視化しても、結果的に何もわからないということになりがちです。何が問題か、そこにターゲットを絞る。浮き彫りにするように、あぶり出すように可視化していきます。

可視化するには、モデリングという技術が必要です。フローチャートで代替しようと思っても本当のモデリングとは違います。

（2）経営×業務×システムをつなげて可視化する

可視化の本当の意味は、経営と業務とシステムの相互の関係をわかりやすくして管理し、効果的に業務改革とシステム投資を図っていくことです。なんとなく経営と業務とシステムがつながっているようだが、よくわからないということはありませんか。会社が四苦八苦しながらも、何かおかしいと思いながらも、一応回っている事例は多く見られます。この状態は、決して透明ではないのですが、どこかで誰かが、システムと業務をつなげていたりするわけですね。

ですから、相互の関係を時間・工数をかけずにわかりやすく表現し、メンテナンス性がよく、継続利用可能な図にします。業務やシステムそれぞれの可視化ではなく、「経営×業務×システム」をつなげて可視化するのです。

(3) やみくもに細分化・分担して描かない

とりあえず描いてみるかと、経営・業務・システムをそれぞれ作図する方法が多くとられます。これだと、各図の同期を取るのが事実上不可能です。1ヵ所変わると、影響箇所を探し出して、それぞれ修正しなければなりませんから。時間がかかるわりに有効に使えないという欠点を抱えているのです。

とにかく図は、やみくもに細分化したり、分担して描かないことがポイントです。とくに俯瞰図は、1枚に収めるようにします。そこから入出力が決まるので、必然と分担が重複することなく、分けることができます。何のために可視化しているのか、目的を見失わないようにすることが肝心です。

シンプルで全体を的確に表した可視化の秘訣とは何か

(1) むやみに業務フローを描いても成果なし

多数の実務担当者が分担し、自分の知っている範囲について、業務フローを描きがちです。しかし、その結果として、前後や上位・下位との不整合、ダブりや漏れ、粒度がまちまちでわかりづらい、などの問題が生じます。業務を知っているからといって、可視化できるというのは大きな間違い。業務を遂行するスキルと、可視化のスキルは別物です。

(2) 可視化では実態の連鎖を捉える

可視化では、大きな流れの中から、「あれっ?!」と思うことを見えるようにするのが秘訣です。分析するうえでの基本は、全体を把握することから始まります。虫眼鏡や顕微鏡で一部の部門や仕事を局所的に見ることからではありません。

ですから、プロセスのつながりを正しく理解することが必要不可欠。実態の連鎖を捉えると、「あれっ?!」と思うことが見えてくるはずです。当たり前と思っていた身近なことでも、チェーンで描いてみると見えてくるものがあるのです。

（3）悪いところを的確に描く

仕事が大変だったり、複雑だったり、忙しかったりするのと、モデル化における複雑さは関係ありません。忙しいと感じるのは、伝票の枚数が多かったり、手戻りや同じことの繰り返しが多いから。複雑だから描けないのではなく、どのように描けばシンプルで全体を的確に表した図になるのかがわからないだけです。

全部描くのではなく、悪いところを的確に描くようにしましょう。目的によってモデル表現も変わりますし、同じ目的でも症状によってモデリングする視点も変わります。問題部分だけを可視化し、逆に問題ない箇所は描かないようにするのです。

（4）事実を忠実に描く

形式にこだわって描かないで、事実を描くようにします。仕事で苦労しているところは、図的にはごちゃごちゃするはずですよね。苦労しているのに、すっきりしたフローはあり得ない。システムだけのフローを描いても、問題はなかなか見つかりません。問題の多くは、ヒューマンオペレーション部分に潜んでいますから。仕事のつながりを描くことが必須なのです。

曖昧だったり、イレギュラーパターンが定常化しているようなケースを見つけたら、ヒューマン系とのつながりを泥臭く可視化しましょう。泥臭くとは、複雑に描くことではなく、忠実に描くということです。人間とシステムの業務を明確につなげて可視化することで、人間とシステムのいずれがコントロールすべきプロセスであるかを見極めましょう。

目の前で確認して可視化する「Ｑｕｉｃｋ Ｗｉｎ」とは

現状調査のヒアリングでは、その内容は出席者各自のＰＣにタイピングする光景をよく見ます。これだと、みんながその場で確認できないので、数週間後の成果物で意識違いが発覚したりします。そこで、提案の基本的な進め方として「Ｑｕｉｃｋ Ｗｉｎ」手法を使います。その特長は、次の通りです。（図16）

①インタビュー形式で、確認内容（目的／課題／業務フロー／現場の生の声）を目の前のプロジェクターに映しながら進められる（今は、Ｗｅｂ－ＥＸなどＰＣ画面共有も使います）

②目の前で確認して、可視化するので、後になっての行き違いがない

③その日の成果物（業務フロー）は、その日の最後に電子媒体で渡される

④インタビューは、１部門2時間を平均2回程度なので、多忙な実務者の手を煩わせない

⑤日ごろの実務上の問題意識をそのまま話してもらい、通常10日間で約１２０程度の問題が抽出される

ヒアリングして聞いたことが正しくて真実である保証は、50％以下と思わなければならない

でしょう。真意を確認するためには、その場で、目の前に描いて確認すべきなのです。言われたことだけを描くことは、何の役にも立ちません。次のことが大切です。

・真理を簡潔に描く

・森を意識したヒアリングを行う

・モデル図においては、現場の苦労、汗が感じられるように可視化する

ヒアリングしながら、徹底的につなげるようにします。ただし、ムダな可視化はしないこと。つながらない話はありません。なぜなら現実の世界では、仕事は流れているからです。つまり、よくわからない曖昧な話が怪しい部分なのです。

ヒアリングは、決して一堂に会してやるものではありません。ましてや、合宿形式はすすめられません。ワイワイガヤガヤでは、真実を可視化できないからです。担当別に個別に聞いて、それを紡いでいくようにします。可視化に当たって、次のことを頭に入れておきましょう。

①全部描くのでなく、悪いところを的確に描くこと
②諸悪の根源を見つけたらすぐ直す
③ダラダラ描き続けない
④目的によって、モデル表現（形）も変わる
⑤同じ目的でも、症状によってモデリングする視点も変わる

議論の場では、モデルを共有し、「一点集中」する。これが正攻法の議論だと思います。

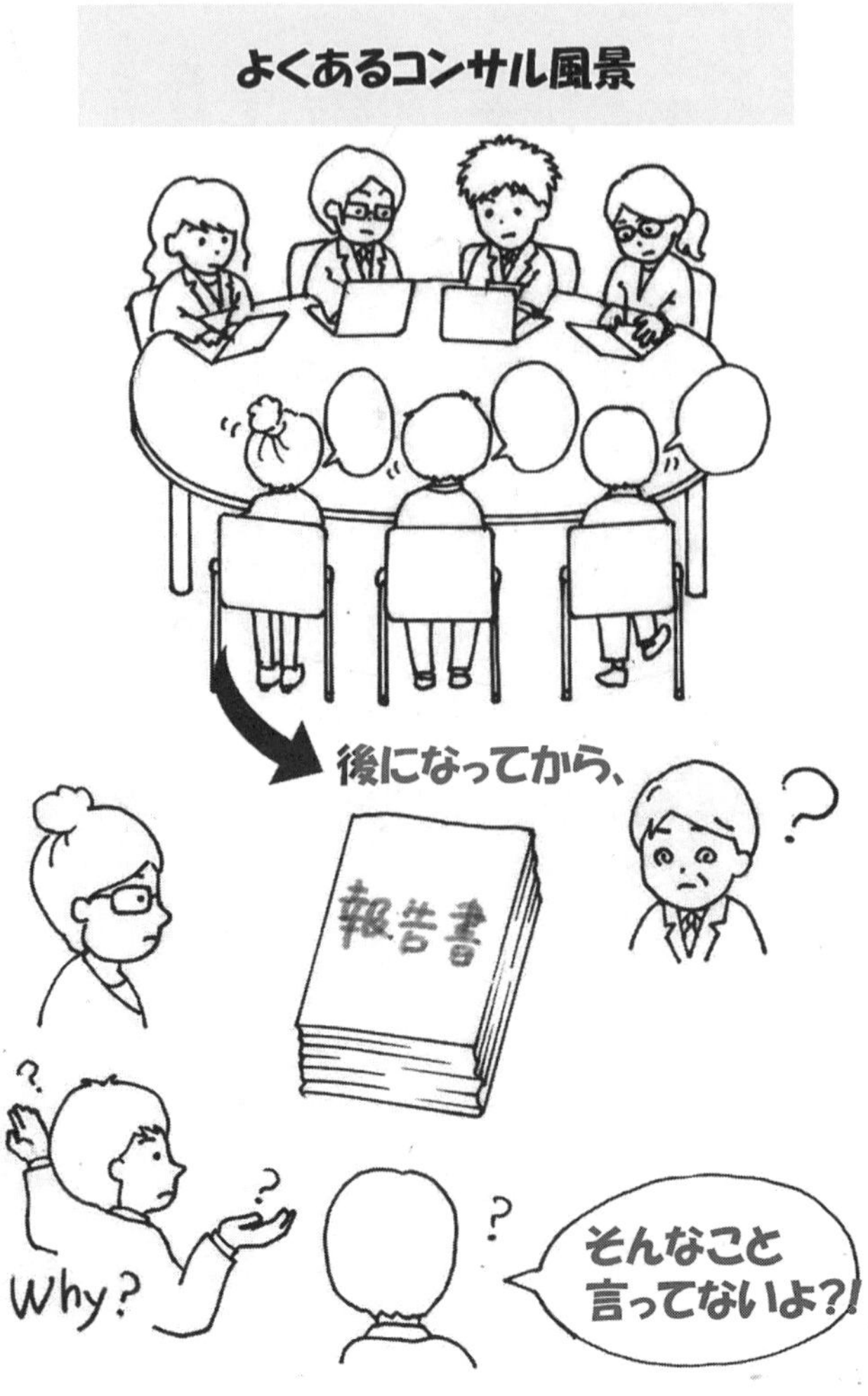
よくあるコンサル風景
後になってから、
報告書
Why?
そんなこと
言ってないよ?!

図 16　目の前で確認が正攻法

QuickWin手法＝「目の前で確認することで、その場で全員が納得、手戻り無く。」

ヒアリング結果をどうまとめ、主要因を特定するか

ヒアリング結果はどのようにまとめ、ボトルネックになっている主要因をどう特定するかを次に示します。

（1）プロジェクト目標のまとめ方

ヒアリングした結果を図のように可視化します。ここでは、目的と手段を取り違えないことが重要です。可視化すると、文章と異なって誰が見ても関係や重みがひと目で理解できます。

（図17）

（2）部門間・会社間の関係可視化モデル

目的を阻害する会社間、部門間の業務プロセスのチェーンを探し出すための可視化を行います。ムダなチェーンや欠落しているプロセスがないかを確認します。すると、いままで見過ごしていたプロセスが見えてくるはずです。

（3）ネック業務のフロー化

可視化する中で、ボトルネックとなっていそうなプロセスについては、深掘りして業務フロー

まで掘り下げることが必要です。また、業務フローを描くだけでなく、課題とその発生するプロセスの関係を可視化することが大切です。

課題を抽出するときには、そのプロセスを実行するうえでの工数、時間、費用、頻度といった指標値を把握します。

(4) 抽出した個別課題から主要因を特定

抽出した課題は、課題ツリーとしてまとめ、因果関係のある課題は、色分けして描いておくと、わかりやすいでしょう。そのうえで課題の因果関係を見極め、主要因を特定します。これこそ、隠れている埋蔵金です。(図18)

これまで踏み入らなかった金脈部分のプロセスを可視化し、そこに関わる各部門の関係を的確に捉えるための基本手順を実行することで、現場やマネージャー、幹部など、誰もが納得する地に足の着いた改革になります。

埋蔵金の在りかとその価値を的確に把握する最初のステップが、投資対効果を見極めるうえで重要なのです。むやみにあちこち掘ってみる。例えば、取りあえずシステムを導入してから考えよう的なアプローチは、現在ではさすがに減ってきています。

ステップを確実に踏むことで、最小投資にして最大の効果を生む成果につなげましょう。主要因が特定できたら、継続して主要因を解決するための新プロセス設計のフェーズにいよいよ入っていきます。

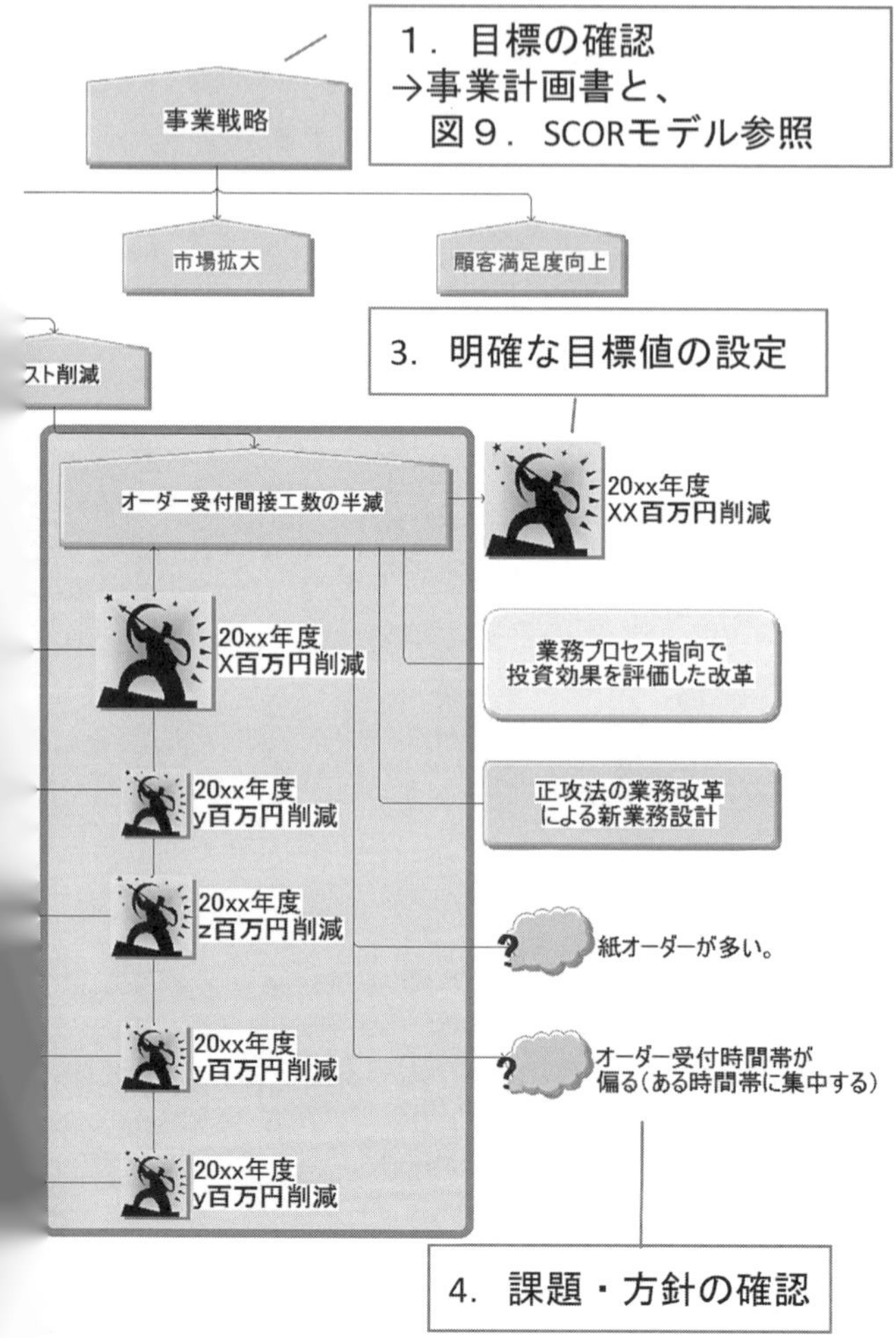
1．目標の確認
→事業計画書と、
図９．SCORモデル参照
事業戦略
市場拡大
顧客満足度向上
スト削減
3. 明確な目標値の設定
オーダー受付間接工数の半減
20xx年度
XX百万円削減
20xx年度
X百万円削減
業務プロセス指向で
投資効果を評価した改革
20xx年度
y百万円削減
正攻法の業務改革
による新業務設計
20xx年度
z百万円削減
紙オーダーが多い。
20xx年度
y百万円削減
オーダー受付時間帯が
偏る（ある時間帯に集中する）
20xx年度
y百万円削減
4. 課題・方針の確認

図 17　目標のまとめ方

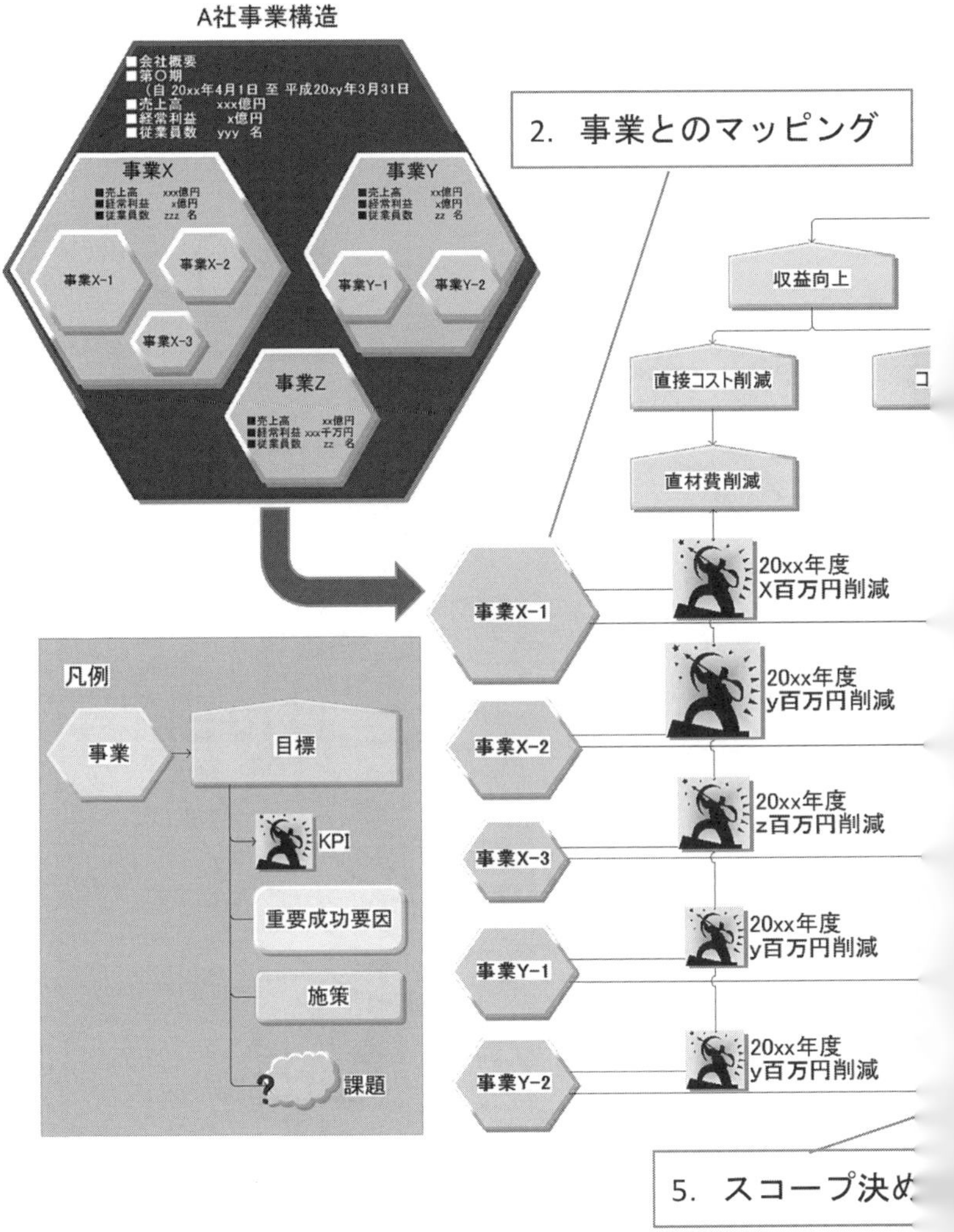
A社事業構造
■会社概要
■第○期
（自 20xx年4月1日 至 平成20xy年3月31日
■売上高　xxx億円
■経常利益　x億円
■従業員数　yyy 名
事業X
■売上高 xxx億円
■経常利益 x億円
■従業員数 zzz 名
事業X-1
事業X-2
事業X-3
事業Y
■売上高 xx億円
■経常利益 x億円
■従業員数 zz 名
事業Y-1
事業Y-2
事業Z
■売上高 xx億円
■経常利益 xxx千万円
■従業員数 zz 名
2. 事業とのマッピング
収益向上
直接コスト削減
直材費削減
事業X-1
20xx年度
X百万円削減
20xx年度
y百万円削減
事業X-2
20xx年度
z百万円削減
事業X-3
事業Y-1
20xx年度
y百万円削減
事業Y-2
20xx年度
y百万円削減
5. スコープ決め
凡例
事業
目標
KPI
重要成功要因
施策
課題

P.128－131の手順で、課題が沢山上がったら・・・
実際、作者は、10日間で120以上の現場の生の声を抽出します。

それらをどのようにまとめて、解決に導くか?!

図 18　主要因特定のコツ

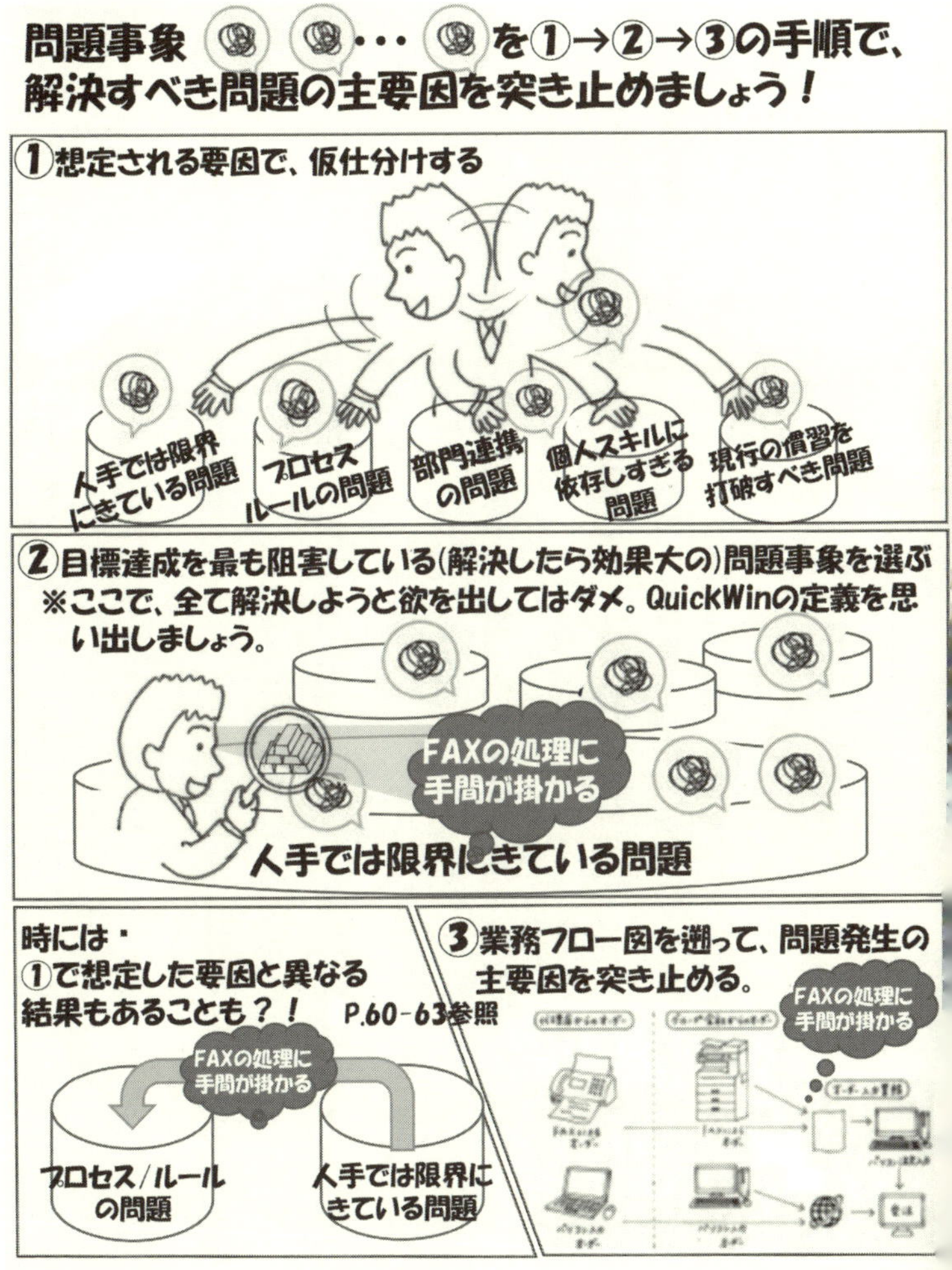

もう一歩の現状分析と深～い分析の決定的違い

現状分析で、もう一歩分析が足りないようだと、問題追究が甘くなって、本当の解決に導くことができません。問題事象に対する見方をもっともっと進めてみましょう。次の「よくある問題例」に対し、どのように解決方針を導きますか。「もう一歩足りない分析」と、「深～い分析」とをよく比較してください。

皆さんも自分の身近な悩みに当てはめて考えてみてください。

●よくある問題例①「問い合わせが多いため、本来の仕事がなかなか進まない」

〈もう一歩足りない分析〉

問い合わせの内容を記録するようにして、同じ問い合わせが過去になかったか検索できるようにする。それにより、問い合わせの回答を早くできるようにする。第2案として、メールや電話の問い合わせでなく、ワークフローシステムを導入。問い合わせから回答までをスムーズに行えるようにする。

〈深～い分析〉

問い合わせの発生源まで確認し、なぜ問い合わせが発生するのかを突き止めます。それにより、問い合わせ自体をなくすことができないか考えます。

●よくある問題例②「期限通りにモノが入ってこない／締め切りが守られない」

〈もう一歩足りない分析〉

期限前、締め切り前にアラームを出し、督促するようにする。

〈深〜い分析〉

事態の発生元の状況まで確認しましょう。なぜ遅れるのか、その原因を追究します。そして、遅れそのものが発生しないようにするには、どうしたらよいかを考えます。

●よくある問題例③「間違いや不明点、漏れが多いため、差し戻したり、確認のやり取りで時間を要する」

〈もう一歩足りない分析〉

エラーをなくすために、チェックリストを作成する。それにより、申請者に事前にチェックしてもらう。

〈深〜い分析〉

発生元で対策を考えるのはよいのですが、発生元の仕事が増えては改善とはいえません。発生元に負担をかけないで、間違いや不明点、漏れそのものをなくす方法はないか。そのような対策を考えましょう。

第5章

広い視野とピュアな心で、幸せをつかもう！

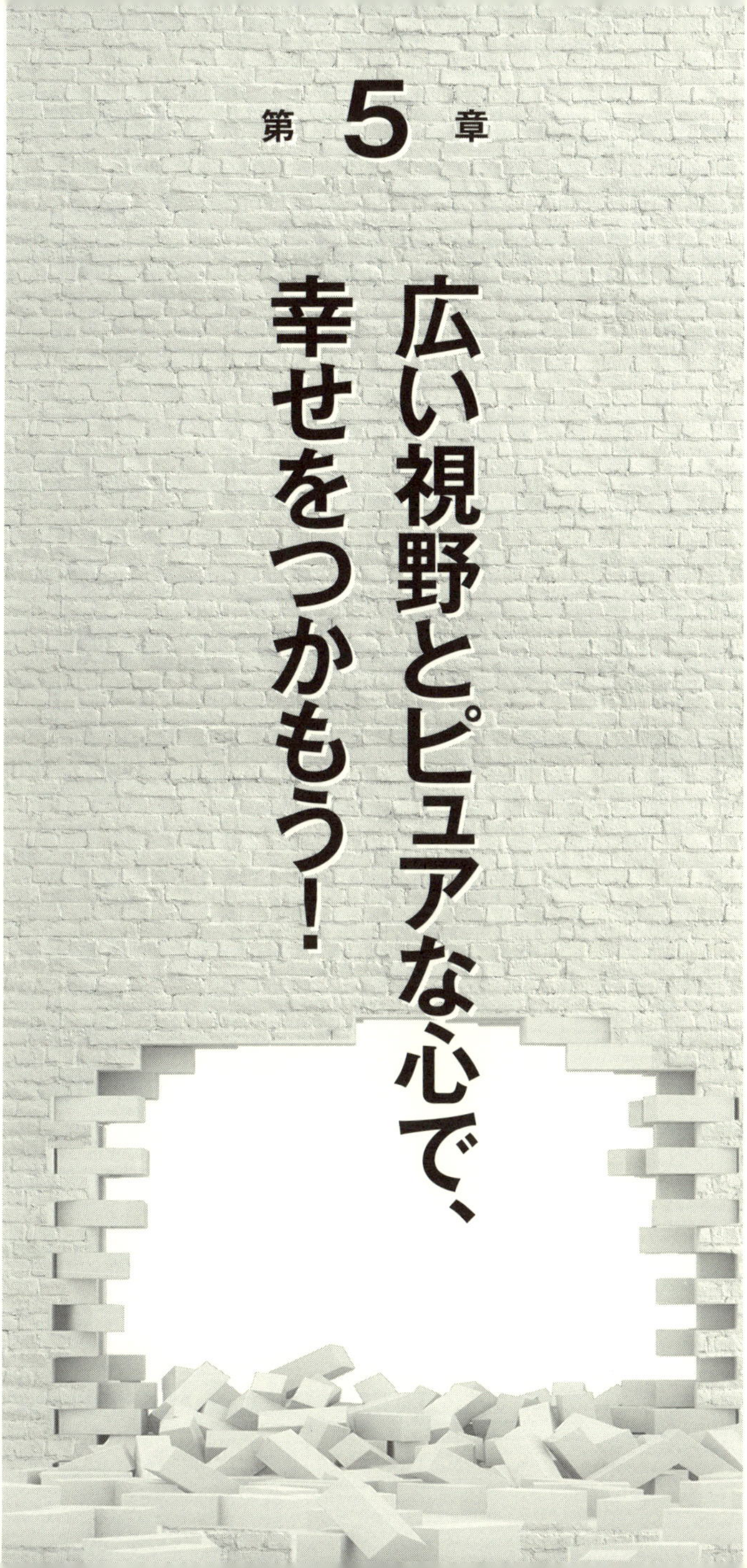

業務改革は会社のためだけのものではない

業務改革は、企業が取り組むだけでなく、一人ひとりが幸せになる人生設計の基本だと私たちは考え、これまで実践してきました。人が悩みを解決し、幸せな生活を送るために必要な方法論であり、普遍的なアプローチであると思っています。その結果、私たちは今、余計なストレスがなく、幸せ感を満喫しています。また、幸せな国を作るために数々の難題をクリアするのに必要な考え方であり、正攻法のアプローチであると確信しています。

なぜ、そう確信したのか。問題を解決するには対症療法と根本療法があり、業務改革は根本療法ですが、企業が継続的な企業活動を維持するには根本療法が欠かせないからです。

例えば、企業が古くなったシステムを入れ替えるとか、問題が起こったので再発防止策を施さないといけない場合にどうするか。

・小手先の対応ですませるより、根本療法を施すのが正道である
・そうしないと同じ問題を繰り返して、防止できない

のではないでしょうか。個人でもまったく変わりありません。私たちが大学で業務改革手法について教えた学生が、自分たちの生活に応用するためのレポートを書いてくれました。

その一人は、大学の食堂がいつも混む不満を述べ、チケットを買ったらカウンターに置くだけなので、誰の順番かわからなくなったり、自分のカレーライスを他の人が持って行ったりするというのです。張り紙をするなどの対症療法ではなくて、俯瞰的に見て抜本的に解決するためにはどうしたらいいかという観点から対策を考えていました。

洗濯物でも同じことがいえます。なぜ洗濯物が業務改革と関わっているのか。洗濯物を干すことだけを目的にしたらダメで、天気を考えないといけないのです。ただ適当に引っ掛けておくだけだと、天気の悪いときにはきちんと乾きません。間を空けるとか、どのように干せば一番乾くのかを考えて干すと、夕方に取り込むときの満足感が違うのではないでしょうか。

また洗濯をしたあとにもプロセスがあって、ワイシャツはアイロンをかけないといけない。そのプロセスを軽減するために、どういう干し方をしたらいいのかというと、パンパンとたたいて干すというひと手間が後のアイロンがけというプロセスを楽にするわけですね。

私（大川原）の息子が、先生からゲームをやってはいけないと言われて悩んでいたのでアドバイスしました。やってはいけないからやらないではなくて、先生の立場も考え、「オマエが目標を達成できるのならばゲームをやってもいいのではないか」と言ったら納得してくれました。

業務改革の手法について、ちょっと教えるだけで、誰でも自分の生活の中で何か悩み事があれば応用でき、目標を決めて有効な対策を考えられるのです。

和魂洋才でいこう！
その仕組み作りで人を育てる

欧米人は、マクロな視点から大きな仕組みや枠組みを作るのを得意としています。例えば、個別最適に陥りやすい組織に横串を刺し、プロセスオーナーがプロセスを軸に業務を捉えるという制度を20年も前から採り入れています。日本企業が学ばなければならない考え方や方法が数多く存在します。とはいえ、日本人の精神構造や感性とはまったく異なり、受け入れがたい面も多々あります。ただ、とても適用できないといって一概に拒否するのではなく、うまく調整できるのではないかと思うのです。例えば、

・欧米のよい仕組みは学ぶけれども、運用は欧米流にドライに行わない
・日本人の得意なミクロと組み合わせ、繊細でソフトな方法を採り入れていく

こうすれば、仕組みは徐々に浸透していくのではないでしょうか。これをひと言でいうと、「和魂洋才」ということになるでしょうか。この言葉は、初めてERPパッケージを導入した企業の情報システム部長の受け売りですが、私は今でも心に念じてシステム導入のお手伝いをしています。その人は外資系企業に長く勤務していた経験から、欧米流の合理的な仕組みに感心し

ながらも、和魂のカケラもないやり方に疑問を感じていました。究極に突き詰めていくと本当に短期視点にならざるをえなくなるのです。例えば、ＫＧＩ（重要目標達成指標）が年間ならまだいいのですが、四半期や月単位で回ってきて達成できないとすぐ人をチェンジします。

中長期的に人を育てようという方針や計画がなく、その余裕もありません。日本企業が「社員が一番の資産」といった社是を掲げたりする発想は、欧米人にはわかりにくいようです。やはり人材育成の面では、長期的視点を採り入れた日本企業の緻密なキャリアプランのほうに優位性があると思いますね。ですから、匠の技を活かしたり、育てたりするような和魂と、ロジックで物事を切り拓いていく洋才とをうまく融合させるとよいのではないでしょうか。

高度成長期の日本人には、多少自分を犠牲にしてもみんなで力を合わせて会社のために働くというパッションがありました。時代背景が重なって日本人のよい面が活かされ、パッションが全体最適を呼び起こし、企業成長の原動力となりました。日本が最強であった時代です。

ただ当時は、商流も物流もプロセスもあまり複雑ではなかったので、何とかパッションで生き延びられた面もありました。今はすべての構造が複雑になって、パッションだけでは通用しなくなり、全体最適が個別最適となって企業の成長を封じ込める結果になっています。分業制になるにともない個別最適がますます増長する傾向を強めていきました。ここで企業は、自社全体を俯瞰して見て、ポテンシャルを１００％活かすために、業務プロセスを再設計しなければならないと思います。

みんな一律ではなく、それぞれの個性を活かす

業務改革で必ずといっていいほど持ち出される用語が「標準化」。どれも一律に同じにするという面だけが強調されすぎて、勘違いされやすい面があります。実際には、標準化とは、

- **共通化や一元化といった意味合いだけでない**
- **特別なものを作る標準化というものもある**

のです。これは、例えば人材育成に当てはめると、一人ひとりの個性を活かすための標準化ということもあるでしょう。それが標準化のダブルスタンダードだということにはなりません。

ドイツには、日本のものづくりの職人に近いマイスターという人たちがいて、人々から尊敬されています。彼らを職業人としてきちんと評価する制度がしっかりと定着しているのです。

要するに、特別なものとして標準化されています。日本では、職人の技術自体を評価することはあっても、マイスターのように一人ひとりを尊重して評価する社会的制度にはなっていません。つまり、特別なものとして標準化されていないのです。

子どものときから、みんな一律で横並びで上がっていき、職業の選択は自由ですが、よい面

もあれば悪い面もあって一概には断じられません。ドイツは、最初からマイスターになる道と、そうでない道とに分かれ、教育的・政策的な戦略レベルで、そういう制度を作り込んで、社会の枠組みにきっちり収まっています。日本とはまったく異なる標準化の適用の仕方であり、仕組みづくりであり、個性をどのように活かしたらよいかを考える教材になるでしょう。

ドイツに限らず、欧米では自己責任いうこともありますが、自分で自分の個性を培っていき、それを社会で容認する、あるいはもっと個性を活かしてあげようとするおおらかさがあります。それだけ、才能があれば大きく成功する道も拓かれています。決して、人を型枠にはめて扱うような仕組みではありません。

日本人は部品とかを作るのは世界一で、細かいミクロの世界において一生懸命やって成果を出すのは得意です。ところが、全体が絡んでくるマクロの世界で活動したり、見ず知らずの人たちと一緒に何かをしたりするのは弱い気がします。何となく自信がないために発信力に欠けたり、委縮してしまって自分の意思を伝えられなかったりします。

知らなかったら知らないですむ話で、別に恥ではないし、知らないまま知ったかぶりするほうがよほど恥ずかしいと思います。英語と同じで、かっこいい英語をしゃべろうと思わないことです。世界ではドイツ英語、中国英語、何とか英語とか、すごくいい加減です。しかし自分の意思を何とか伝えようという気概があれば通じるのです。みんな一律でなく、個性を伸ばすことの大切さは、業務改革の場でも同じではないでしょうか。

ダイエットだってコンセプトとやり方は同じ

人はそれぞれ生きるうえで、いろいろな悩みを抱えています。例えば、身近なところでは、ダイエット。とにかく、痩せたい、体重を減らしたいという悩みは、人によっては切実です。ところが、何とか○○ダイエットを施した結果、長続きせず、リバウンドして失敗したという例は数多いのではないでしょうか。

私（大川原）は、業務改革手法を自らのダイエットにも適用して、太ってしまった根本原因に対処し、3ヵ月で5kg、5ヵ月で10kgの減量に成功しました。82kgから72kgまで落とし、今でも維持しており、無理はしていません。お酒が大好きですから、ダイエットに挑む以前の大前提は、好きなだけ飲んで、好きなものを食べて、健康な身体を維持することでした。そんな目標を設定しても、痩せることができました。

- ＫＰＩ（重要業績評価指標）をしっかり作って、ＫＰＩダイエットを実践した
- みなさんも一度は耳にしたことがあるキャベツダイエットや炭水化物ダイエット、バナナダイエットとかいったダイエットは対症療法

です。対症療法では、絶対にリバウンドしますし、とにかく長続きしません。じつは根本療法のほうが楽なのです。何もしなくていいし、その通りやっていればいいだけですから。

長年、高血圧症で降圧剤を飲み続けていましたが、降圧剤で血圧を下げるというのは、いわゆる対症療法です。なぜ血圧が上がるのか、その原因を探して対処しようと、ずっと思いながら、薬を飲み続けざるをえない日が続いていました。

ところが、ダイエットの業務改革の副次効果として、血圧が下がったのです。対策の一つは脂肪を貯め込まないための根本療法として、糖質を抑えながらバランスよく食事するということが挙げられます。決して、炭水化物ダイエットとか、糖質オフダイエットといった対症療法ではありません。実践していた中で、ある日、血圧が下がっていることに気づきました。このときに、次のようなプロセス連鎖を学びました。

・糖質摂取→血糖値上昇→インスリン分泌→

・交感神経が刺激される→尿からのナトリウム再吸収が増大→

・血中のナトリウム濃度が上がる→

・水をひきつけ体液量が増加する→血圧が上がる

過度な糖質摂取は、血圧を上昇させる要因であり、そのコントロールは血圧を正常に保つ根本療法となるわけです。次項にモデリング手法を使って実践し、目標を達成したコンテンツ、名付けて「Beauty Diet Process Management」を紹介します。（図19・図20）

有酸素運動
筋トレ
健康と美
diet
サプリメント

図 19　正攻法のダイエット目標の立て方（初級編）

●説明／定義
脂肪を燃焼させるために必要。
有酸素運動を始めて20分後から脂肪が燃焼し始めるので、20分以上の継続が必要。

●注釈／例
・ウォーキング　・コアリズム
・Wii-Fitの"有酸素運動"

●説明／定義
筋肉をつけることは、年齢とともに減少する。
"基礎代謝量"を増やすために必要不可欠。

●注釈／例
・腕立て伏せ
・腹筋
・Wii-Fitの"筋トレ"

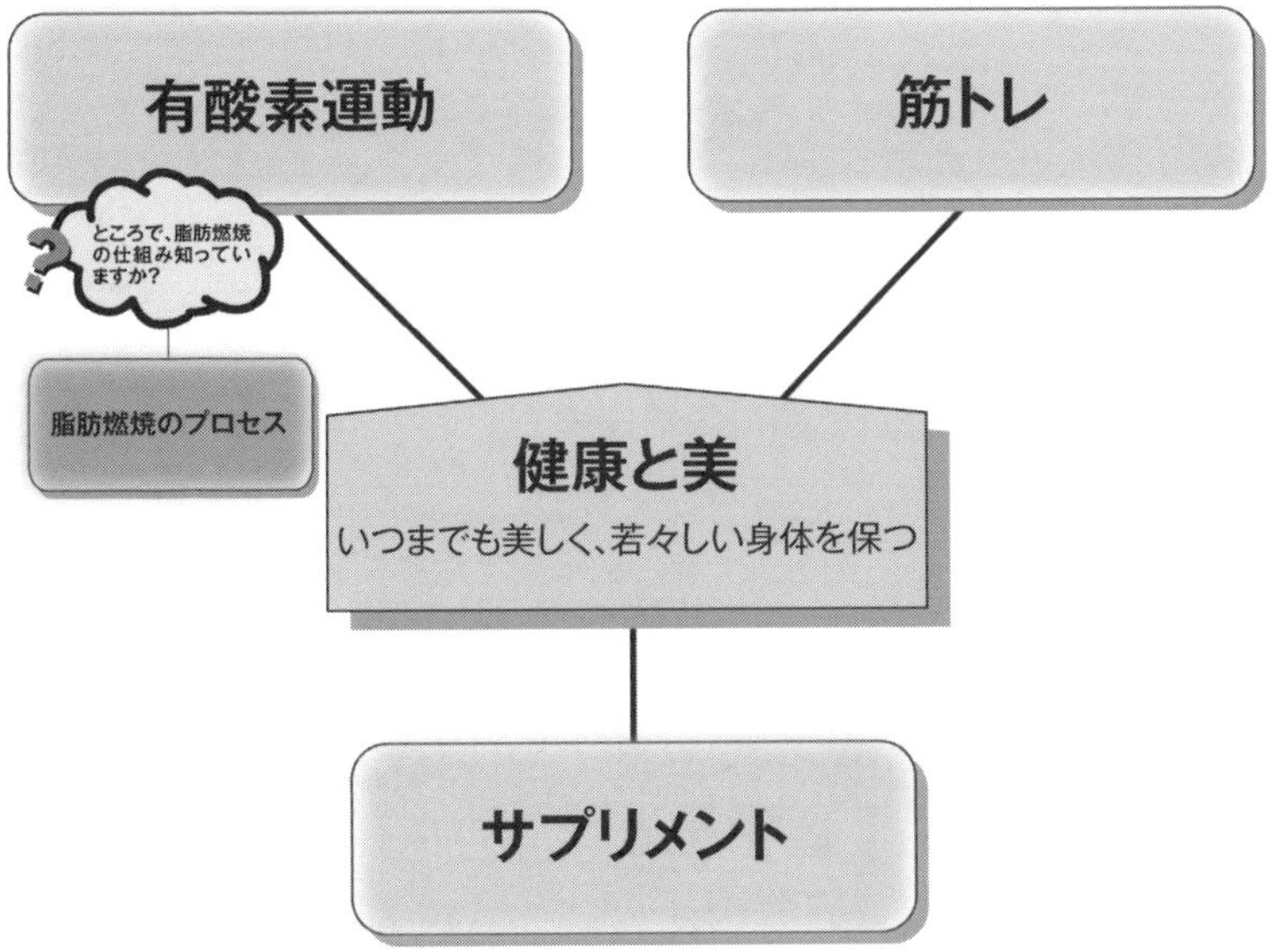

●説明／定義
食事をコントロールする中で、効果的な脂肪の燃焼を助け、筋肉を増やすために補助栄養剤は必要不可欠。

ちなみに、この世界のMRPはミールリプレイスメント・パウダーのことで、通常の食事の代わりに摂るサプリメントを指す。

●注釈／例
・脂肪燃焼には、"必須アミノ酸"（有酸素運動前）
・筋肉増強には、"プロテイン"（筋トレ後30分以内と就寝前）

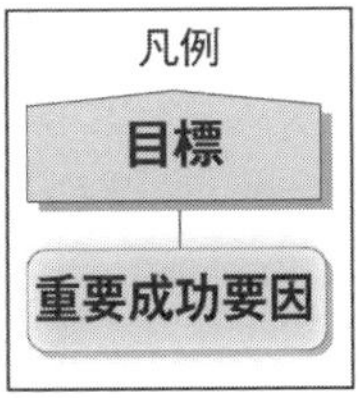

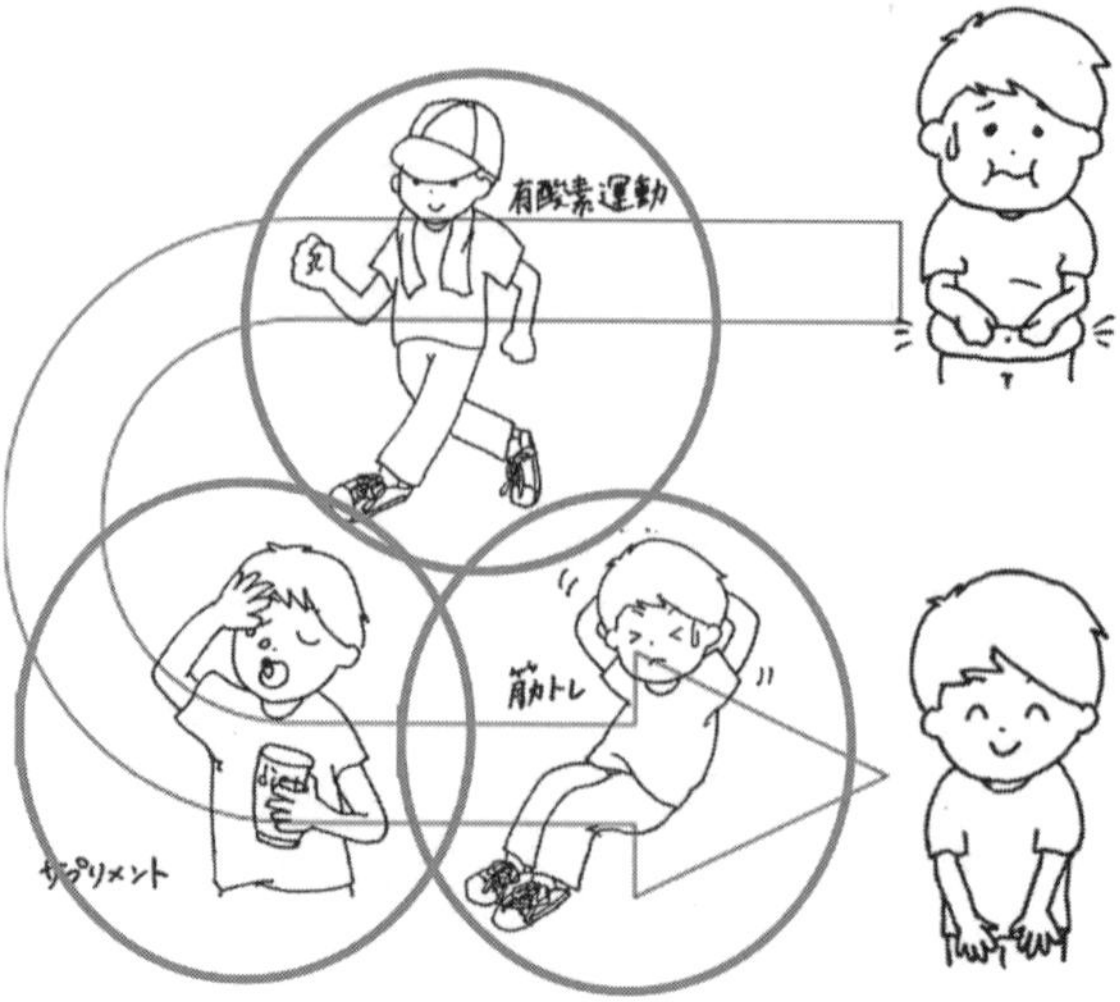
有酸素運動
diet
サプリメント
筋トレ

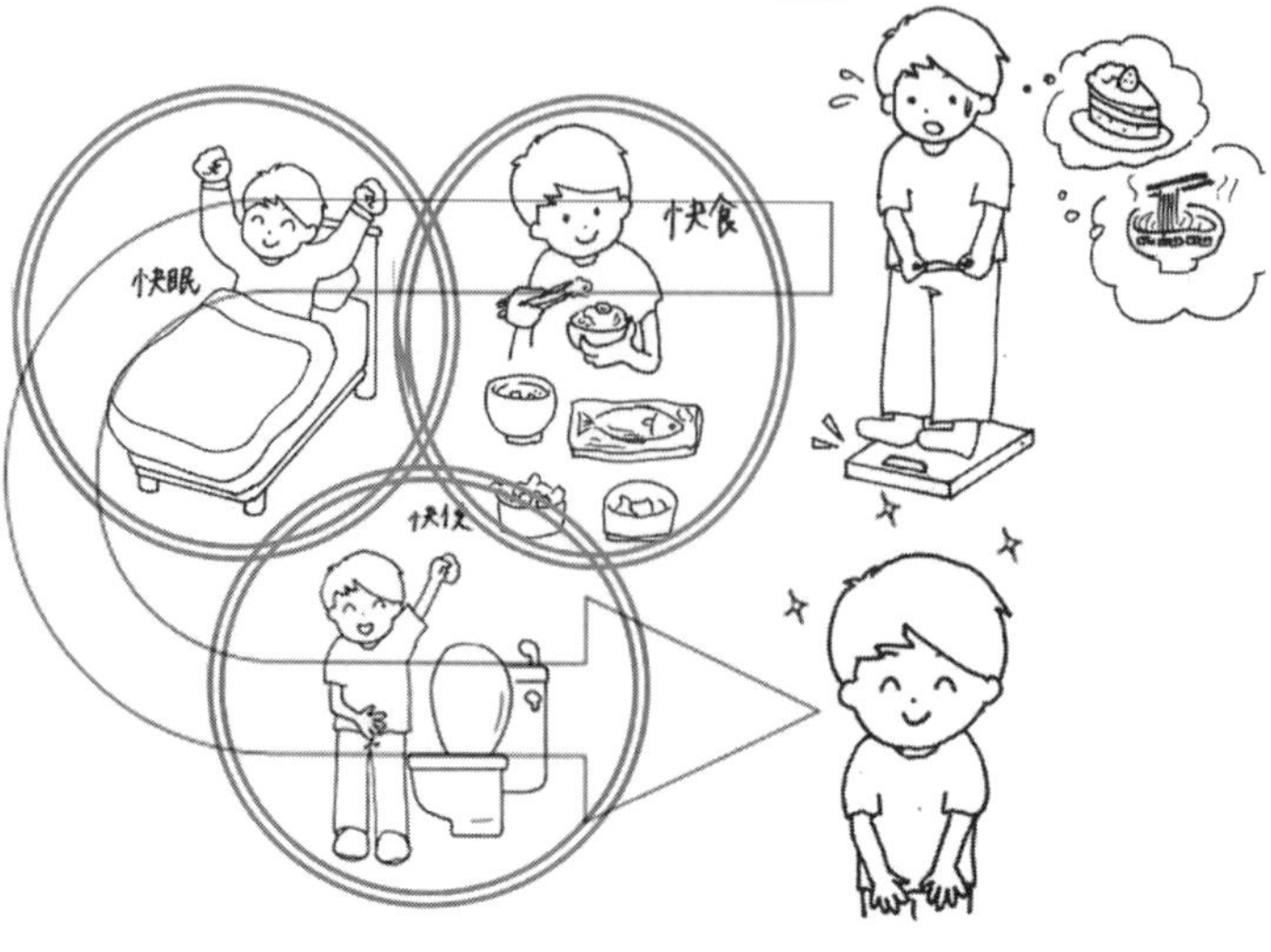
快眠
快食
快便

図20　正攻法のダイエット目標の立て方（継続的な見直し）

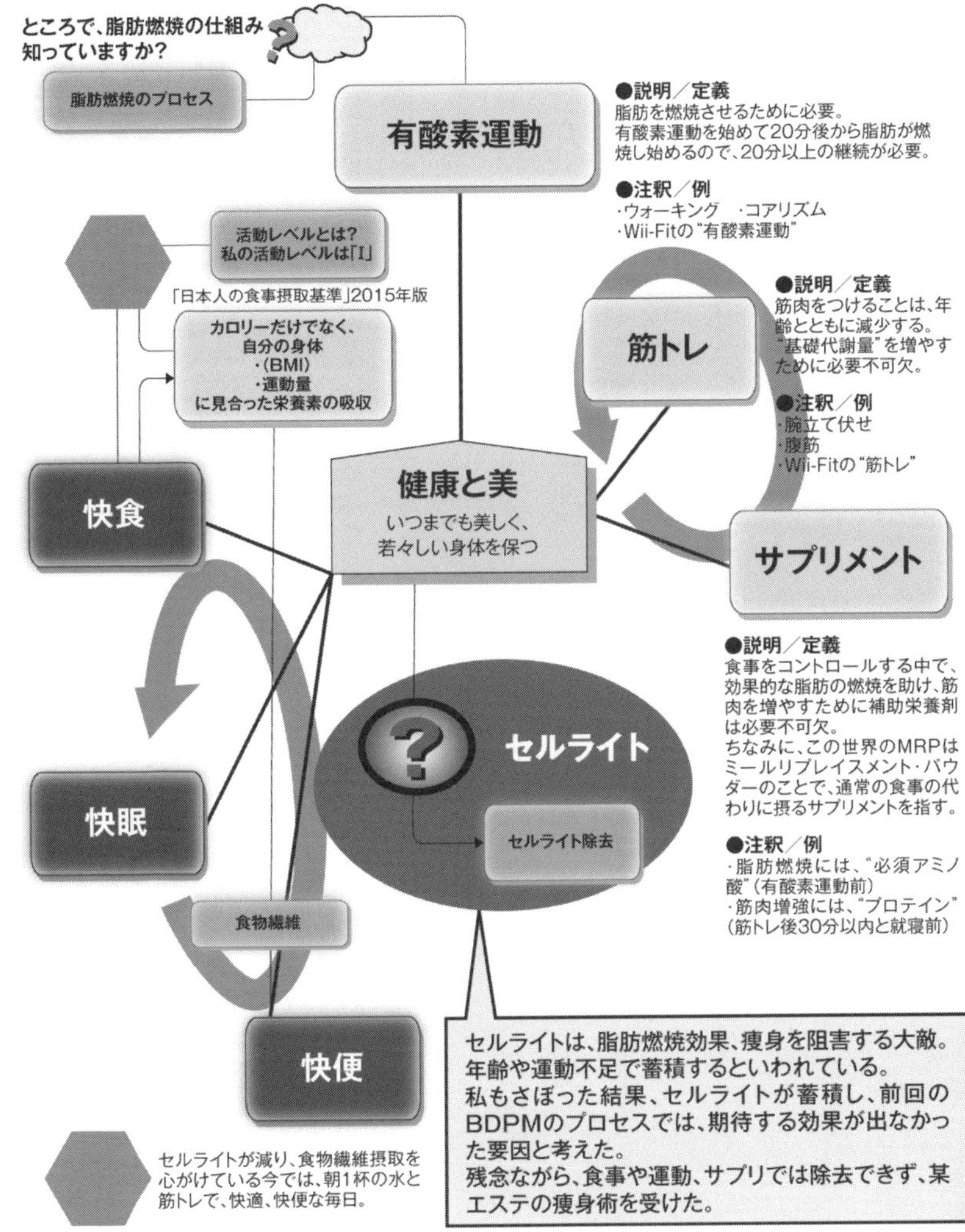

改革の真髄！ビジネスプロセスマネジメント（BPM）

ここまで、プロセスを中心に捉えながら、業務改革を推進する正攻法のあり方について、私たちのこれまでの経験に基づいて述べてきました。じつは、経営戦略と現場の業務との整合性を確保しながら、ビジネスプロセスを管理する手法を「ビジネスプロセスマネジメント（Business Process Management）＝BPM」といいます。

このBPMの概念と手法は、もともとドイツのアウグスト・ヴィルヘルム・シェアー博士が1990年代に開発したもので、EU統合時のCitizen Projectや、ドイツが国家として進める第4次産業革命（Industrie4.0）でもBPMの概念が取り込まれています。私たちの恩師であるシェアー博士は、その推進者として名を連ねているのです。

・システム中心ではなく人を中心として考え、人とシステム、企業全体を捉えていく

というのがBPMの真髄です。そのコンセプトに出合ったとき、私たちは共感し、やはり世界は進んでいると確信しました。BPMは2000年代に入って日本でも紹介されました。

BPMのポイントは、会社の取引、仕事も、人の暮らしも、すべてプロセスで成り立っていることを知ることです。しかも、プロセスはつながっていて、前後関係があります。注文もいただいていないのに、つまり受注というプロセスを経ないで、モノを納めたりするでしょうか。そんなことをしたら、つまり出荷というプロセスを実行することは、贈賄になってしまいます。逆に、発注というプロセスを経ないでモノを受け取ったら収賄ということになります。

製造業では、納期に間に合わないという問題の理由として、製品を作るための部品が納期通りに届かないということもあるでしょう。しかし、部品業者も、突然明日までに持ってきてくれと言われても、対応できるはずがありません。

納期に間に合わせるためには、事前情報として、内示、予約という前段のプロセスと、その中での信頼関係という付加価値を持ったプロセスの確立が重要なわけです。つまり、自社に問題があるわけで、**「人の振り見て、我が振り直せ」**とは、まさにそのことではないでしょうか。企業活動だけでなく、世の中すべて、プロセスの連鎖で成り立っています。個人の生活も同様です。問題解決のプロセスの連鎖を理解して、自社や自分の問題に当てはめて考えるとよいでしょう。

・ＢＰＭを道具と捉えたり、ＢＰＭは古い概念や技術だとするのは間違い

です。ＢＰＭは、上手に活用すれば、会社にとっても個人にとっても、企業活動や人生の教本になるものです。企業や人が問題や悩みを解決し、幸せな企業活動や生活を送るために必要で普遍的なものだと、私たちは思っています。

正攻法の改革が心と身体と、そして日本を元気にする

ＩｏＴ（Internet of Things）に飛びつく前にやることがありませんか。ＩｏＴを検討するのもよいのですが、自社におけるＩＴ戦略やＩＴ投資を省みた土台の強化こそ先決です。これまで日本でブームのような取り上げ方をされたＩＴトレンドの代表選手がＢＰＲでありＥＲＰです。ＢＰＲやＥＲＰが悪いというのではありません。逆です。本来はよい概念や製品なのに、言葉だけが勝手に一人歩きしてしまいました。「ＢＰＲやりました」「はい、ＥＲＰわかりました」といった類の言葉が氾濫。そう言っていればあたかも成果が出るかのようでした。

そして今、ＩｏＴが出てきて、自分たちの都合のいいように解釈され同じことを繰り返しています。例えば、ある企業がＩｏＴのインダストリー4.0／4.2でセキュリティに一生懸命取り組んでいると胸を張っても、ＩＯＴの中のセキュリティは約3分の1の領域でしかありません。

・本質をわからずに、ただ「やっています」ということに疑問を感じる

・原点にもう1回戻って正攻法で取り組むべき

なんですね。そういう正論をいろんな人に言って誰もわからなかったら、それ以上説得しても、

それは無理です。しかし、たとえ少数でもわかる人は必ずいます。「そうあるべきだよね。でも難しいんだよ」「あぁ、やっぱり気づきましたか。本当は、うちの会社はこっちにするべきなんですよね」と言う人たちが必ずいるので、そこからがスタートです。

何かを行うときに、いかに安くやるかではなく、いかにこの予算の中でよいものができるかと、少しでもレベルアップする観点から取り組まないと、本当の幸せをつかめないのではありませんか。コストダウンだけに取り組んだ企業と、プロセスイノベーションを目標とした企業とでは、5年後に成長率が格段に違っていたという事例はよく知られています。

日本中で正論が通じなくなったら、日本は本当につぶれてしまい、幸せになれません。ですから、正攻法が日本を幸せにするために必要だと思うのです。業務改革でも何でも、

・これをやって何がよくなるんだろうと考えるのが原点

・少しでもよくなるのであれば取り組み、やる以上はもう少しよくしたい、今よりよくしたいという気持ちが大切

なのです。やるかやらないか、「あぁ大変だな、止めとこう」ではなく、やり方はあとで考えればいい話です。やり方を先にして、本来やるべきことをなおざりにしてしまうのは、正攻法とはいえないのでは？　企業が元気になれば日本が幸せになりますが、個人個人が幸せにならないと、企業も幸せになりません。ですから、個人の生活にも正攻法の業務改革手法を当てはめて実行し、心と身体を元気にしましょう。

おわりに

本書を最後までお読みいただきありがとうございます。私たちが意図する業務改革の正攻法について、ご理解いただけましたでしょうか。正攻法をひと言で言い表すことは、私たちでもなかなかできませんが、あえて簡潔に述べるならば、「当たり前のことを当たり前に実践すること」ということになります。

では、当たり前とはどういうことでしょうか。確かに、当たり前の定義は難しいです。現実には、ほぼ当たり前のことですら、しがらみなどで実行が難しかったり、ついついショートカットしてしまいたくなるのが人の性ではないでしょうか。

ですから、思い切ってもう一歩踏み出す。その勇気を持つことが大切です。それが結局、業務改革だろうが、ダイエットだろうが、あなたの悩みを本当に解決する第一歩であり、根源的なことです。私たちは、そう固く信じています。

本文で正攻法や当たり前の重要性を示唆する日本の古いことわざをいくつか引用しました。それらに言い尽くされているので、今一度意味を振り返ってみましょう。強調するためにも再度示して、最後のまとめとしたいと思います。

『風が吹けば桶屋が儲かる』

問題事象に対して直接に対策しても対症療法になり、なかなか真の問題解決に至らないことがある。逆に桶屋が儲からなくなったらどうすればよいか？……いろいろな問題が発生したときの問題解決のアプローチの見本としてほしい先人の知恵や教え。

『人の振り見て、我が振り直せ』

問題の原因が自分ではなく、外部にあると思いがちなことも、一度自分を客観視することで、本当に自分に原因があるのかどうか見つめ直そうという教え。

『情けは人のためならず』

自分のための個別最適だけを目指すのではなく、関係者（会社）とのつながりを考えることで、全体最適になるという教え。ベンダー（サプライヤー）の納期が遅れるからダメではなく、ベンダーへ遅れないように事前にアクションする（内示や事前情報を流す）ことで、遅れの解消につながるという教え。

本書が、あなたの悩みを解決する一助になれば幸いです。

大川原　文明
冨樫　勝彦

正攻法《せいこうほう》の業務改革《ぎょうむかいかく》

2018年7月24日　初版第1刷

著　者……………………大川原文明《おおかわらふみあき》
　　　　　　　　　　　冨樫勝彦《とがしよしひこ》
発行者……………………坂本桂一
発行所……………………現代書林
〒162-0053　東京都新宿区原町3-61　桂ビル
TEL／代表 03(3205)8384
振替／00140-7-42905
http://www.gendaishorin.co.jp/
カバーデザイン…………吉崎広明（ベルソグラフィック）
本文イラスト……………sui
編集協力…………………有限会社　桃青社
写真提供…………………PIXTA

印刷・製本：広研印刷（株）
乱丁・落丁本はお取り替えいたします

定価はカバーに
表示してあります

本書の無断複写は著作権上での例外を除き禁じられています。
購入者以外の第三者による本書のいかなる電子複製も一切認められておりません。

ISBN978-4-7745-1719-3　C0034